NOUVELLES ARCHIVES

DES

MISSIONS SCIENTIFIQUES

ET LITTÉRAIRES

CHOIX DE RAPPORTS ET INSTRUCTIONS

PUBLIÉ SOUS LES AUSPICES

DU MINISTÈRE DE L'INSTRUCTION PUBLIQUE ET DES BEAUX-ARTS

NOUVELLE SÉRIE

Fascicule 3

PARIS

IMPRIMERIE NATIONALE

MDCCCCXI

NOUVELLES ARCHIVES

DES

MISSIONS SCIENTIFIQUES

ET LITTÉRAIRES

NOUVELLES ARCHIVES

DES

MISSIONS SCIENTIFIQUES

ET LITTÉRAIRES

CHOIX DE RAPPORTS ET INSTRUCTIONS

PUBLIÉ SOUS LES AUSPICES

DU MINISTÈRE DE L'INSTRUCTION PUBLIQUE ET DES BEAUX-ARTS

NOUVELLE SÉRIE

Fascicule 3

PARIS

IMPRIMERIE NATIONALE

MDCCCCXI

RAPPORT SOMMAIRE

SUR

UNE MISSION À CONSTANTINOPLE

(1910),

PAR

M. JEAN EBERSOLT.

Les recherches poursuivies au cours de la mission dont j'ai été chargé à Constantinople par le Ministère ont eu successivement pour objet : 1° l'étude de certaines collections conservées au Musée impérial; 2° les anciennes églises; 3° la topographie de la ville et l'ornement sculpté. Ce sont les principaux résultats de ces recherches, que je voudrais, en attendant la publication intégrale, résumer ici brièvement.

I

AU MUSÉE IMPÉRIAL.

Grâce à l'obligeance de S. Exc. Halil Bey, directeur général des Musées impériaux ottomans, la collection des poteries byzantines et anatoliennes a été classifiée et le catalogue publié[1]. A la collection des bijoux, quatre pièces d'orfèvrerie faisant partie d'un trésor découvert dans le district d'Alep ont été étudiées et seront publiées incessamment[2]. Par leur état de conservation, leurs ornements et leurs inscriptions, elles sont des exemplaires précieux et rares de l'orfèvrerie syrienne avant la conquête arabe. La collection assez complète des plombs byzantins, qui comprend environ 800 pièces, a été inventoriée. Dignitaires et fonctionnaires militaires, civils et ecclésiastiques, empereurs et impératrices membres des grandes familles byzantines ont laissé empreint sur

(1) *Catalogue des poteries byzantines et anatoliennes du Musée de Constantinople*, Constantinople, 1910.

(2) *Le Trésor de Stûmâ au Musée de Constantinople* paraîtra prochainement dans la *Revue archéologique*.

ces bulles, dont la plupart proviennent du sol même de Constantinople, le souvenir lointain de leur nom modeste ou illustre.

Les sceaux impériaux se rapprochent plus ou moins par leur frappe des types connus par les monnaies. Parmi les sceaux des grandes familles, je signalerai les noms suivants : Manuel Nikerites (73)[1], Jean Alopos (76), Michel Tarchaniote (79), Théodore Anzas (83), Théodore Choumnos (84), Michel Chazare (87), Théodore Dalassène (164), Michel Théodorite (201), Manuel Cappadocos (260), Théodore Eulogios (304), Michel Campanarios (316), Jean Triakontaphylle (332, 532, 667), Léon Nikerites (364), David Taronite (514).

D'autres personnages ne pouvaient se réclamer d'un nom illustre et n'étaient pourvus d'aucune dignité ni fonction. Ce sont : Pierre (2, 658), Michel (9, 11, 530), Constantin (41), Anthime (42), Théodore (46), Georges (51, 517), Théodose (77), Damien (128), Jacques (165), Théophylacte (191), Nicolas (217), Pierre (240), Jean (295), Eugène (366), Constantin (414, 509).

Plus intéressants sont les sceaux de ceux qui étaient pourvus d'une fonction ou d'une dignité à la cour, dans l'État et dans l'Église.

Parmi les sceaux des ecclésiastiques on relève ceux de deux moines, Nicolas (170) et Théodose (224), du diacre Jean (444), de Constantin, économe (348), d'Eustathios, ostiaire (228), de l'évêque Étienne (54, 450), de Constantin, métropolite d'Amastris (58), de Nicéphore, métropolite de Madyta (78), d'un chartulaire de la Nouvelle-Église au Palais (211).

Dans la hiérarchie militaire on trouve les sceaux de deux stratèges (174, 297), d'un domestique (147), d'un domestique des excubites (85), d'un grand domestique (208), de trois stratilates (440, 449, 457), d'un turmarque (197), d'un comte (172), d'un excubiteur (455), d'un primicier de la grande hétairie (321), d'un strator de l'hétairie (312), de trois scribones (287, 289, 533).

Dans l'organisation militaire et civile des thèmes figurent le domestique des Optimates (49) et les différents stratèges de Macédoine (72, 154), des Arméniaques (175, 180), des Optimates (196), des Cibyrrhéotes (288), de Nicopolis (245), des Thra-

[1] Les chiffres entre parenthèses indiquent le numéro de mon inventaire.

késiens (386), des Bucellaires (229), de l'Opsikion (502), du paraphylax d'Abydos (160), d'un juge et d'un diœcète du Péloponnèse (316, 218), d'un archôn de Mesembrie (169).

Les fonctions civiles sont représentées par les sceaux des notaires et protonotaires du drome (203, 230, 759), par ceux des sacellaires (246, 310), des logothètes (43, 355, 474), des diœcètes (157, 285, 359, 468), des chartulaires (61, 71, 114, 176, 254, 266, 436, 439), d'un asécretis (458), d'un questeur (182), d'un mystique (198), d'un *ἐπὶ τοῦ θεοφυλάκτου κοιτῶνος* (246), d'un *ἐπὶ τῶν δεήσεων* (44), d'un *ἐκ προσώπου* (497), d'un *ἐπὶ τῶν οἰκειακῶν* (218).

Parmi ces fonctionnaires beaucoup étaient pourvus d'autres titres. D'autres personnages étaient simplement revêtus d'une ou plusieurs dignités. On rencontre successivement les magistri (38, 424), les anthypati (146, 184), les patrices (52, 105, 249, 469), les hypati (123, 132, 153, 200, 342, 392), les apoéparchons (37, 253, 344), les sébastes (164, 315). Puis ce sont les protospathaires (3, 225, 227), les spathaires (60, 80, 159, 166, 237, 299, 313, 441, 453), les spatharocandidats (278, 456, 470) et les candidats (157, 334, 468).

Par la beauté de la frappe beaucoup de ces sceaux sont des documents iconographiques.

M. Schlumberger a lumineusement démontré l'intérêt que présentent les types figurés sur les bulles[1]. Les sceaux du Musée présentent aussi plusieurs scènes religieuses : Annonciation (134, 158), Anastasis (139, 692), Déisis (281). Les images de saints sont très nombreuses : Christ, Jean-Baptiste, saint Nicolas, saint Georges, saint Démétrius, saint Théodore et surtout la Vierge. Ces effigies présentent aussi un certain intérêt au point de vue hagiographique. Elles prouvent, en effet, la place importante qu'occupait tel ou tel saint non seulement dans l'esprit des individus, mais aussi dans le culte public. Tel saint a été préféré à tel autre parce que son culte prédominait dans telle région ou dans tel quartier de la capitale où un sanctuaire lui avait été dédié. Ces figures sont autant de représentations d'images saintes devant lesquelles les fidèles allaient allumer des cierges et prier.

[1] G. Schlumberger, *Sigillographie de l'Empire byzantin*, Paris, 1884, p. 15 et suiv., 37 et suiv.

On sait la place importante qu'occupait la Vierge dans la piété du peuple de Constantinople. Un des sanctuaires les plus vénérés était l'église consacrée à la Vierge des Blachernes, la Blachernitissa, dont le type iconographique est connu[1]. Un des sceaux du Musée (360) montre la même effigie de la Mère de Dieu, debout, orante. A côté on lit : Η ЄΠΙϹΚЄΨΙϹ. On peut rapprocher cette légende curieuse d'un passage du *Livre des Cérémonies* où il est dit que pendant la cérémonie du bain sacré aux Blachernes, les souverains allaient *εἰς τὴν ἐπίσκεψιν* où ils allumaient des cierges et priaient[2]. Le sceau du Musée jette une lumière inattendue sur ce texte. Il s'agit bien de la Vierge des Blachernes, désignée ici sous un autre qualificatif.

Pour établir enfin une classification rationnelle des dignités et des fonctions, il y aura lieu d'utiliser aussi les longues listes qu'énumère le *Livre des Cérémonies*. L'étude comparative de ces sceaux avec des textes dont plusieurs sont datés permettra d'établir l'ordre de préséance tel qu'il existait à une époque déterminée, et de définir aussi les attributions de quelques fonctions palatines, tout au moins. Assurément la question est fort complexe. Mais le sceau avec nom du titulaire d'une fonction ou dignité ne donne-t-il pas un intérêt plus vif à ces textes quelque peu austères ?

Les règles monastiques (typica), les synaxaires, les eucologes présentent aussi à ce point de vue un intérêt non moins grand. Le Musée possède deux sceaux de mizotères, ceux de Georges et d'Anastase (115, 171)[3].

La règle monastique du couvent du Pantocrator à Constantinople, dont il sera question plus loin, donne quelques renseignements sur ce titre obscur. Le titulaire de cette charge était, au monastère du Pantocrator, à la tête du service d'approvisionnement : c'était, au début du XIIe siècle, une espèce d'intendant ou d'économe[4].

[1] Cf. G. Schlumberger, *op. cit.*, p. 15; Worwick Wroth, *Catalogue of the imperial byzantine Coins in the British Museum*, Londres, 1908, t. II, p. 503, pl. LIX, 5.

[2] *De Cerimoniis aulae byzantinae*, éd. Bonn, II, 12, p. 553.

[3] M. Schlumberger, *op. cit.*, p. 543-544, a publié trois sceaux de mizotères. Le nom d'un autre mizotère est inscrit sur une architrave du Musée de Brousse; cf. G. Mendel, *Catalogue des Sculptures grecques, romaines et byzantines du Musée de Brousse*, Athènes, 190·, p. 109, n° 115.

[4] Cf. Dmitrievskij, *Opisanie liturgičeskich rukopisej*, t. I, Kiev, 1895, p. 690.

II

DANS LES ANCIENS SANCTUAIRES.

J'ai signalé ailleurs les études poursuivies dans les anciennes églises de Constantinople, avec la collaboration de M. l'architecte Ad. Thiers[1]. Pendant notre premier séjour, en 1907-1908, dix églises converties aujourd'hui en mosquées avaient été relevées dans leur ensemble. Ce sont : Mir-Achor-Djami; Kutchuk-Aya-Sofia; Hodja-Moustapha-Pacha-Djami; Kalender-Djami; Atik-Moustapha-Pacha-Djami; Gul-Djami; Boudroum-Djami; Kilissé-Djami; Eski-Imaret-Djami; Fétiyé-Djami. Les monuments sur lesquels a porté notre effort pendant notre second séjour ne sont pas moins intéressants pour l'histoire de l'art byzantin.

§ 1. Sainte-Irène.

L'historien Procope affirme, dans son traité *Des édifices*, que cette église, telle qu'elle fut reconstruite par Justinien après l'incendie de 532, surpassait presque tous les sanctuaires de Byzance, à l'exception de Sainte-Sophie[2]. Peu d'édifices assurément présentent une harmonie de lignes architecturales et une simplicité d'exécution comparables. L'architecte a résolu ici d'une manière fort heureuse le difficile problème qui consistait à recouvrir une longue basilique en employant les formes architecturales propres à l'art du VIe siècle : la coupole à pendentifs. Les piliers massifs, qui, à l'âge suivant, encombreront la nef et en déroberont la libre perspective, sont relégués ici dans les collatéraux. La nef est ainsi dégagée; les tribunes sont largement ouvertes sous les grandes voûtes en berceau, épaulant les coupoles. Lorsque l'on se place sur les gradins circulaires, qui occupent la grande abside, le regard embrasse ces grands espaces dominés par une majestueuse coupole centrale; et la deuxième coupole, habilement disposée par l'architecte à l'ouest de la première, donne la même sensation d'infini.

(1) Cf. *Étude sur la Topographie et les Monuments de Constantinople*, Paris, 1909.

(2) Procope, *De aedificiis*, I, 2, p. 182-183, éd. Bonn.

Nous avons pu étudier à loisir ce beau monument dans toutes ses parties[1]. L'atrium, bien conservé, malgré des additions et des restaurations, est le seul qui subsiste entièrement à Constantinople. Il est formé de galeries voûtées en berceau et il s'ouvrait à l'intérieur et à l'extérieur par des arcades s'appuyant sur des piliers surmontés de corniches[2].

Dans la construction, l'architecte a marqué sa préférence pour les voûtes sur plan barlong pour recouvrir les petits espaces entre les arcs doubleaux du narthex, des collatéraux et de la galerie au-dessus du narthex, tandis qu'aux extrémités il a disposé de vastes calottes ou de grandes voûtes d'arête.

Si, au premier abord, la construction dénote une certaine homogénéité, plusieurs problèmes se posent qui ne pourront être élucidés que par les relevés complets. A l'extrémité orientale des collatéraux, des portes, dont l'une subsiste encore, conduisent à des appendices voûtés en berceau. En bas ceux-ci sont construits en pierres de taille; plus haut en briques. La même construction en gros appareil est également visible sur le socle de la grande abside à l'extérieur.

Sur le côté méridional, l'édifice est construit en briques et mortier. A hauteur du narthex, on remarque ici des restes de murs provenant d'une ancienne construction attenante à l'église. A l'est et au nord, les murs présentent un autre appareil, formé d'une rangée de moellons aux joints soulignés et alternant avec trois lignes horizontales de mortier, reliées par des traits verticaux. Cet appareil est tout à fait semblable à celui de Khasneder Han[3].

A l'extérieur, le sol est très surélevé et les portes qui conduisaient des bas côtés à l'extérieur sont aujourd'hui murées. Deux d'entre elles ont conservé leurs linteaux de marbre. Les galeries au-dessus des bas côtés se prolongent à l'est par deux chambres, la première recouverte d'une calotte, la seconde voûtée en berceau.

(1) M. Gurlitt, *Die Baukunst Konstantinopels*, pl. 6 c-d, a donné un plan du rez-de-chaussée et deux coupes longitudinale et transversale. Le plan des galeries, très intéressantes cependant, n'apparaît pas, et «il n'a pas eu le temps de mesurer exactement l'atrium» (cf. *ibid.*, p. 18). L'étude des façades est également omise.

(2) Les Turcs ont ajouté à l'intérieur de l'atrium des galeries qui occupent les quatre côtés de la cour. Les arcades sont encore visibles à l'extérieur, sur le côté méridional.

(3) Cf. Gurlitt, *op. cit.*, pl. 13 *i*.

Fig. 1. — Sainte-Irène. Porte du narthex.

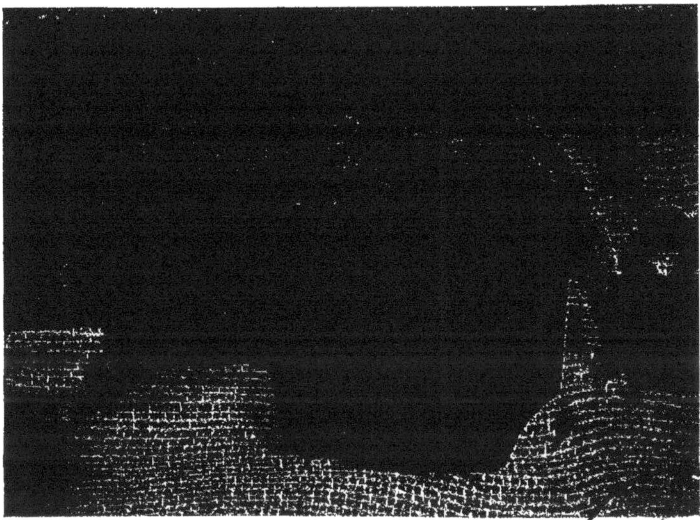

Fig. 2. — Sainte-Irène. Mosaïques du narthex.

Fig. 3. — Sainte-Irène. Mosaïques de l'abside.

Dans la première, au sud. une ancienne fenêtre bilobée indique que ces chambres s'ouvraient autrefois à l'extérieur. Fermées aujourd'hui par des portes en bois, elles communiquaient sans doute librement avec les galeries latérales et s'ouvraient aussi très probablement sur la grande abside.

Ainsi, en plusieurs endroits, l'église a subi des restaurations et des remaniements postérieurs au vi^e siècle. Et il est certain que les Byzantins du viiie siècle, qui restaurèrent le monument ébranlé par un tremblement de terre [1], ne furent pas les derniers qui touchèrent à l'édifice.

A l'intérieur, les sculptures s'harmonisent avec la simplicité des lignes architecturales. Une corniche court le long de la nef, à hauteur de la galerie, à la naissance des grands arcs et à la base de la grande coupole. Un socle en marbre blanc, sculpté de moulures dessinant des losanges et des carrés, décorait le bas des murs et des piliers. L'ancien dallage apparaît encore en plusieurs endroits entre les colonnes des bas côtés. Dans l'abside, le sol est surélevé d'une marche sur laquelle se dressait autrefois l'autel. Et le sol ancien apparaît encore avec ses dalles d'un bel appareil. Les portes avec leurs grands linteaux en marbre blanc aux multiples saillies (fig. 1), dans la galerie un parapet sculpté de moulures et de cercles, donnent partout la même impression de force et de grandeur simple. Les chapiteaux des arcades apparaissent sous les lattes qui les enserrent, sculptés de deux volutes et portent aujourd'hui pour toute décoration les monogrammes de Justinien et de Théodora et, du côté de la nef, une croix longue.

Dans le narthex, les mosaïques découvertes récemment sous une arcade sont également d'un style très simple (fig. 2). Sur un fond d'or se détachent en vert des couronnes tressées, traversées par des losanges. Dans l'abside, on retrouve l'ornement en losange enfermant une palmette à quatre feuilles et le feuillage tressé décorant l'arc qui précède la conque. Celle-ci est tapissée de mosaïques à fond d'or et la partie inférieure d'une double zone de mosaïques vert foncé et vert clair. Au milieu, se détache en noir une croix longue, posée sur un piédestal formé de quatre marches. Les bras de la croix sont ornés aux extrémités de deux grosses perles qui égayent

[1] Unger, *Quellen der byzantinischen Kunstgeschichte*, Vienne, 1878, p. 96, n. 217.

de leur blancheur le ton vieil or de l'ensemble. Cette mosaïque a souffert des injures du temps et des hommes. La partie supérieure est tombée et a été recouverte d'un affreux badigeon. Mais les parties inférieures intactes montrent une homogénéité parfaite et nous avons pu admirer de près l'habileté et la patience de ces mosaïstes qui ont recouvert de cubes de verre cette grande surface uniforme (fig. 3).

Sur le grand arc, les mosaïques ont été repeintes par endroits, ainsi que la double inscription qui s'y détache en lettres noires sur fond d'or[1] (fig. 4). Mais les restaurations encore ici n'ont été heureusement que partielles. Par ses caractères épigraphiques, cette inscription a beaucoup d'analogie avec l'inscription monumentale qui, à l'église des Saints-Serge-et-Bacchus, fait le tour de la nef[2]. La croix d'autre part ne présente pas les traits caractéristiques de l'époque des iconoclastes[3]. Elle apparaît élevée sur quatre degrés comme au VIe siècle sur les monnaies de l'empereur Tibère[4].

Telle qu'elle est aujourd'hui Sainte-Irène présente un curieux contraste avec les édifices contemporains Sainte-Sophie et Saints-Serge-et-Bacchus, dont elle diffère par le plan, la structure et la décoration. « Avec ses mosaïques étincelantes, ses grandes inscriptions sur fond d'or, son style à la fois simple et majestueux » elle

(1) Cette inscription a été publiée par Bjeljaev, *Vizantijskij Vremennik*, t. I, 1894, p. 781. L'inscription inférieure est tirée du Psaume LXIV, v. 5. Le premier et le dernier mot ont été repeints en partie. Au lieu de *δευτεισομεθα* qu'on lit actuellement et qui est incompréhensible, il faut lire *πλησθησόμεθα*; au lieu de *μακρα* à la fin de l'inscription, lire *μακράν*. L'inscription supérieure a été aussi repeinte en plusieurs endroits. Au début, au lieu de *υ* qu'avait lu Bjeljaev on lit *ο*. Dans la seconde moitié on lit aujourd'hui *ευημας*. Bjeljaev a signalé à cet endroit quelques lettres tombées avec un morceau de mosaïques. Il a restitué *εἰς ἡμᾶς*. On lirait mieux *ἐφ' ἡμᾶς*. A noter aussi l'orthographe *ἠλπείσαμεν* pour *ἠλπίσαμεν*. Cette dernière inscription est sans doute un texte liturgique inspiré de *Amos*, IX, 6, et du Psaume XXXII, 21. La croix sur fond d'or avec inscription empruntée au Psaume LXIV se rencontre aussi à Sainte-Sophie de Salonique; cf. Ch. Diehl et M. Le Tourneau, *Les Mosaïques de Sainte-Sophie de Salonique* (*Monuments Piot*, t. XVI, p. 52); J. Kurth, *Die Mosaïkinschriften von Salonik* (*Mittheilungen des Kais. deuts. arch. Instituts*, Athènes, 1897, p. 465, pl. XV, 1).

(2) Manière identique de tracer les lettres *γ, δ, ε, κ, μ, υ*, avec les *apices*.

(3) Cf. G. Millet, *Les Iconoclastes et la Croix* (*Bulletin de Corr. hell.*, 1910, p. 103-104).

(4) Cf. J. Sabatier, *Description gén. des Monnaies byzantines*, pl. XXII, 13-15; Worwick Wroth, *op. cit.*, t. I, p. 105 et suiv., pl. XIII, 17-20.

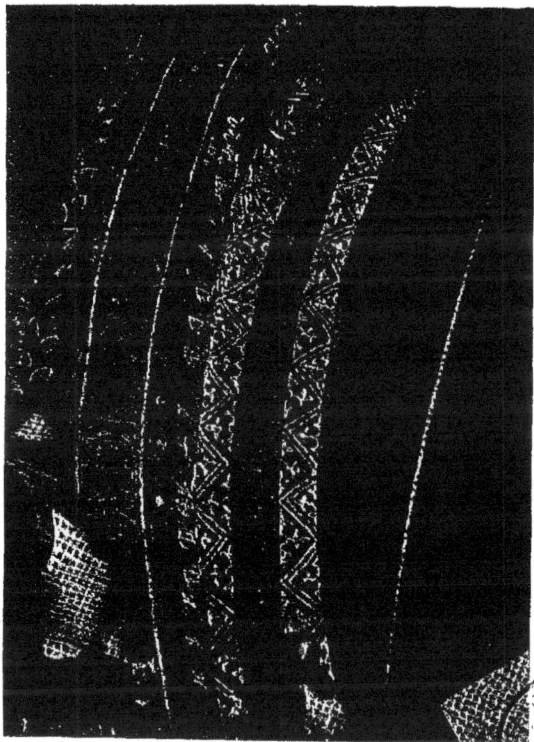

Fig. 4. — Sainte-Irène, Mosaïques de l'abside (détail).

reste, comme l'a dit excellemment Albert Dumont, « une des œuvres les plus parfaites et les mieux conservées de l'art byzantin primitif[1] ».

§ 2. L'ÉGLISE DU PANTOCRATOR (ZÉÏREK-DJAMI).

Cette triple église faisait partie, à l'époque byzantine, d'un grand couvent impérial (*βασιλικὴ μονή*) construit au début du XIIe siècle par l'impératrice Irène. La règle monastique (typicon) en avait été rédigée par les soins de l'époux de la fondatrice « le pieux basileus Jean Comnène, autocrator des Romains[2] ».

Des constructions qui entouraient l'église, la plupart ont disparu aujourd'hui. Sur le côté méridional, nous avons relevé un ensemble de murs bien conservés, qui forment avec leurs arcades une cour[3]. Ainsi, une partie tout au moins de l'ancien monastère s'étendait au sud de l'édifice. Du même côté, un escalier à rampe en pente douce conduit de la façade occidentale à un palier où l'on descendait de cheval pour monter dans la galerie au-dessus de l'esonarthex.

On sait que cette grande église est formée de trois monuments juxtaposés. Au nord et au sud, deux églises du type cruciforme

(1) Cf. A. DUMONT, *Le Musée de Sainte-Irène à Constantinople* (*Revue archéologique*, 1868, t. XVIII, p. 239). La plupart des antiquités conservées à Sainte-Irène ont été transportées au Nouveau Musée. On y a laissé cependant un certain nombre de sarcophages; la base de la colonne d'Eudoxie, avec son inscription bilingue (cf. *C. I. L.*, III, 1, p. 136); un grand chapiteau à double rangée de feuilles d'acanthe; une tête colossale de Méduse, mutilée dans la partie supérieure; et surtout le relief de Porphyrios, un des monuments les plus intéressants de Constantinople par ses sculptures et ses inscriptions. Bien qu'il ait été publié par Mordtmann, j'en ai pris des photographies et des estampages, qui permettront de mieux étudier que sur des lithographies le caractère des sculptures et le tracé des inscriptions (cf. *Mittheilungen des deuts. archäolog. Institutes in Athen*, 1880, p. 295 et suiv., pl. XVI).

(2) Cf. RICHTER, *Quellen der byzantinischen Kunstgeschichte*, Vienne, 1897, p. 240; DMITRIEVSKIJ, *op. cit.* t. I, p. 702.

(3) Ces murs ne sont pas indiqués sur le plan de M. Gurlitt, *op. cit.*, pl. 9 c; de même l'escalier et la façade se prolongeant au delà de l'église méridionale ne sont pas figurés. Sur la coupe de l'église sud les pilastres soutenant la coupole au-dessus de l'esonarthex n'apparaissent pas. En réalité le plan n'est pas aussi régulier qu'on le représente. Sur les absides, notamment, la dyssymétrie est très visible. Pour en avoir un plan exact nous avons été obligés de relever entièrement la longue rue étroite qui longe l'édifice à l'est.

flanquent une nef centrale, terminée par une seule abside et recouverte par deux coupoles.

Un double narthex donne accès à l'église méridionale et à l'église du milieu. Des portes aux linteaux de marbre rouge et vert donnent ici une impression saisissante de richesse (fig. 8). Le narthex intérieur se prolonge sur la façade occidentale de l'église nord et est recouvert, comme les deux premiers, par des voûtes d'arête. Ainsi, devant l'église nord s'étend aujourd'hui un seul narthex sans communication directe avec l'extérieur. Il n'en était certainement pas ainsi à l'époque byzantine. L'église nord devait avoir anciennement un exonarthex ou un portique, comme l'indiquent aujourd'hui une porte murée postérieurement et la série d'arcades décorant la façade qui s'interrompt ici brusquement.

Les autres façades sont aussi curieuses avec leurs pignons cintrés dessinant nettement à l'extérieur les bras de la croix, leurs murs décorés d'arcades et d'arcs saillants, qui indiquent au dehors les lignes de la construction (fig. 5). La décoration des absides est encore plus riche avec leurs multiples pans, creusés d'arcades et de niches, avec leurs fenêtres trilobées et leurs pilastres en marbre blanc (fig. 6). Assurément on y remarque plus de tendance à l'effet que de fini dans l'exécution. La dyssymétrie, qui apparaît un peu partout dans la construction, dénote chez l'architecte une certaine négligence. Mais ces hautes et longues façades, vues sous la chaude lumière d'Orient, démontrent l'habileté de ces artistes qui visaient surtout à la combinaison ingénieuse et savante des ombres et des lumières.

La superstructure de l'édifice nous a retenu aussi longtemps. Une longue galerie voûtée en arête s'étend au-dessus de l'esonarthex et se prolonge sur toute la façade occidentale du monument, faisant communiquer ainsi les trois églises. Elle fait saillie au-dessus du toit par une série d'arcades aux multiples saillies et s'ouvre, par trois arcs soutenus par deux pilastres en marbre blanc, veiné de bleu, sur une coupole, soudée au bras ouest de l'église méridionale (fig. 5). Moins élevée que sa voisine, la coupole centrale, elle présente la même structure à l'extérieur : le tambour polygonal avec piliers, sans festons, que l'on retrouve sur les deux coupoles de l'église du milieu. La coupole de l'église nord fait seule exception avec son tambour circulaire, percé de fenêtres sans arcatures ni piliers (fig. 7).

Fig. 5. — Pantocrator. Église méridionale.

Fig. 7. — Pantocrator. Coupoles de l'église du milieu et de l'église nord.

Fig. 6. — Pantocrator. Absides.

Fig. 8. — Pantocrator. Porte du narthex.

Fig. 9. — Pantocrator. Abside de l'église méridionale.

De l'ancienne décoration il subsiste des restes importants. La grande abside de l'église méridionale a conservé son ancien revêtement de marbre : plaques rouges, vertes ou blanches, linteaux des petites portes conduisant aux absidioles, produisent une harmonie de tons remarquable (fig. 9). Les sculptures sont encore assez nombreuses. Un ancien *ciborium* aux colonnettes nouées, aux archivoltes sculptées de croix mutilées et de rinceaux souples au contour sec, a été transformé en chaire musulmane. Ce sont encore des fragments d'un autre *ciborium* dont l'archivolte est ornée d'une croix et d'un cabochon, se détachant sur un fond sculpté d'entrelacs. D'autres fragments sont encore décorés d'oiseaux, de bustes mutilés, d'oves, de feuillage et de feuilles, travaillées parfois à la virole.

Ainsi, ce monument, qui est le représentant le plus caractéristique du plan à croix grecque, reste en même temps le type le mieux conservé à Constantinople de l'église conventuelle du XIIe siècle. Les textes de la règle monastique permettront encore ici de restituer par la pensée ce que la main des hommes et le temps ont fait disparaître. Les restes importants de l'ancienne décoration, la structure extérieure bien conservée permettront de saisir dans toute sa complexité ce majestueux édifice, qui se dresse dans un site admirable, sur une haute terrasse dominant la Corne d'Or.

§ 3. L'Église de la Panachrante (Fénari-Yessa-Djami).

Dédiée à la Vierge Panachrante, comme l'indique l'inscription mutilée conservée sur les absides [1], cette double église est précédée d'un narthex extérieur, qui communique avec une longue galerie, s'étendant sur le côté méridional de l'édifice. Les deux églises ont une coupole centrale et se terminent à l'est par trois absides. Mais c'est à peu près tout ce qu'elles ont de commun. Les deux narthex intérieurs sont différents. Celui de l'église méridionale est recouvert par une coupole aveugle, flanquée de deux berceaux. Celui de l'église nord est voûté en arête et se termine aux deux extrémités par des niches.

[1] Cf. Mordtmann, *Esquisse topographique de Constantinople*, Lille, 1892, p. 72.

L'église du nord reproduit le type de l'église à croix grecque[1]. A l'intérieur les absidioles sont d'une structure plus élégante que celles de l'église voisine, avec leurs niches s'ouvrant sur les quatre côtés.

L'église du sud n'a pas la même sveltesse. La nef, encombrée par des piliers massifs, s'ouvre seulement à l'est sur la grande abside et est flanquée sur les trois autres côtés de nefs voûtées en arête et en berceau.

A l'extérieur, les lignes de la construction sont peu visibles. A l'ouest et au sud, les façades sont décorées d'arcades qui interrompent la monotonie de ces longues parois (fig. 10). Sur les toits, recouverts de tuiles, émergent seulement les deux coupoles dont la structure est toute semblable avec leur tambour circulaire et leurs piliers sans festons.

Les absides ont conservé également leur ancienne décoration. Sur l'église nord, elles sont à trois pans. Celle du milieu, la grande abside, était ouverte par trois arcades, soutenues par deux pilastres en marbre blanc, aux chapiteaux mutilés (fig. 11). Sur l'église sud, les absides présentent une structure plus compliquée. Leurs multiples pans sont creusés de niches et d'arcatures et décorés de pilastres couverts de fines et délicates sculptures (fig. 12). Les pilastres des trois arcades s'appuient sur une corniche faisant saillie; ceux de l'absidiole nord sont particulièrement bien conservés avec leurs feuilles à cinq lobes et leurs palmettes dessinant une courbe gracieuse (fig. 13).

Ainsi, l'église de la Panachrante représente, comme l'église du Pantocrator, un type assez spécial à Constantinople, la double ou triple nef, formant malgré des différences dans le plan et la superstructure un seul tout. On ne se contenta pas à Byzance d'édifier des chapelles attenantes aux sanctuaires, comme à Kahrjé-Djami ou à Fetiyé-Djami. On fit mieux et plus grand. Et l'on fut amené, sans doute par les nécessités du culte, à élever des monuments doubles ou triples, qui, sans atteindre les proportions de Sainte-Sophie ou de Sainte-Irène, imposaient cependant par leur masse et la complexité de leur structure.

[1] Les quatre piliers soutenant les voûtes en berceau ont été remplacés par deux grands arcs en ogive. Cf. Gurlitt, *op. cit.*, pl. 9 *d*. Les toitures indiquées sur la coupe A-B sont fantaisistes. Sur le plan, deux portes faisant communiquer l'exonarthex avec la galerie méridionale n'existent pas en réalité.

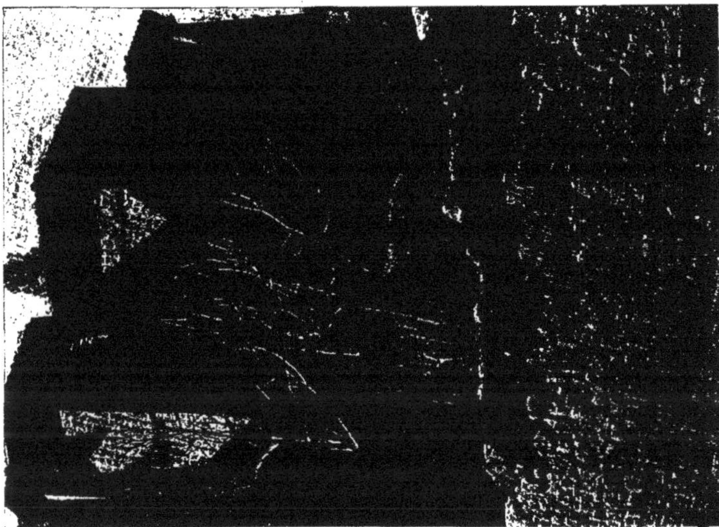

Fig. 11. — Panachrante. Absides de l'église nord.

Fig. 10. — Panachrante. Façade ouest.

Fig. 12. — Panachrante. Absides de l'église sud.

Fig. 13. — Panachrante. Absidiole de l'église sud.

Fig. 14. — Monastir-Djami. Colonne du narthex.

Fig. 15. — Oratoire de Saint-Nicolas.

§ 4. Petites églises.

Outre ces grands sanctuaires, d'autres monuments de proportions moins vastes ont été étudiés, qui présentent un intérêt tout particulier par la variété de leurs formes architecturales.

Monastir-djami, un ancien oratoire situé près de Top-Kapou, a la forme d'une basilique, mais sans bas côtés ni tribunes. La nef se termine à l'est par une grande abside à sept pans et par deux absidioles à cinq pans. Un narthex fort élégant la précède. Recouvert par trois voûtes d'arête, il s'ouvre sur la nef par trois arcades soutenues par deux colonnes en marbre blanc, dont les chapiteaux cubiques, surmontés d'un large tailloir, sont décorés sur les quatre faces d'une feuille droite à cinq lobes, de croix et de monogrammes mutilés (fig. 14). La corniche, qui fait le tour de la nef, se répète à l'extérieur où elle interrompt la monotonie des parois. La structure des murs est ici très visible : quatre rangs de briques alternant avec cinq rangées de moellons.

L'édifice en ruines qu'on appelle Oratoire de Saint-Nicolas est situé au milieu de jardins, à Bogdan Seraï, et sert aujourd'hui de grenier à foin. Au rez-de-chaussée, une simple nef, voûtée en berceau, se termine par une conque. Au premier étage, on retrouve une nef basilicale sans bas côtés ni tribunes, mais couverte au milieu par une coupole aveugle à pendentifs. Les murs étaient autrefois décorés de fresques, qui ont été grossièrement martelées. A l'extérieur, ce petit édifice avec sa coupole faisant saillie sur le toit, les niches de son abside, l'appareil soigné de ses murs où quatre rangs de briques alternent avec quatre lits de moellons, est encore élégant, malgré son état d'abandon (fig. 15). Il faisait probablement partie d'une ancienne habitation. Sur l'un des côtés, on remarque une ancienne porte, murée aujourd'hui, donnant accès au premier étage, qui servait d'oratoire. Un reste de mur avec amorce d'arc, les trous percés dans la façade, sur laquelle venaient s'appuyer les poutres d'une autre construction, permettent de supposer que cet oratoire était autrefois attenant à une demeure princière, où, comme au grand palais, des chapelles et des églises étaient disposées à proximité des appartements.

D'autres édifices sont à plan central. Cheïk-Suleïman-Djami, près de Zeïrek-Djami, est un octogone[1], qui servait sans doute de baptistère (fig. 16). A l'extérieur il a subi des restaurations[2]. A l'intérieur la coupole est soutenue par huit arcs percés de fenêtres dans la partie supérieure. Sur les quatre côtés obliques de l'octogone, s'ouvrent quatre niches demi-circulaires. Deux portes percées sur les côtés est et ouest donnaient accès à l'édifice[3].

Sandjakdar-Djami, une ancienne mosquée en ruines située près de Soulou-Monastir, présente aussi une forme octogonale à l'extérieur avec une coupole centrale aujourd'hui effondrée. Mais ici l'édifice se termine à l'est par une abside, dont les trois pans étaient percés d'arcs soutenus par deux pilastres en marbre blanc avec chapiteaux décorés de croix (fig. 17). Quand on pénètre dans l'intérieur on se trouve non plus dans un octogone, mais dans une église à croix grecque. La coupole à pendentifs est épaulée par quatre berceaux s'ouvrant sur les côtés droits de l'octogone, tandis que les côtés obliques, qui sont pleins, forment les quatre piliers insérés entre les bras de la croix.

Ainsi, pour ces petits édifices, on n'employait pas seulement le type classique à croix grecque, si joliment représenté par l'église dite Ahmed-Pacha-Djami[4] (fig. 18). Les nefs basilicales avec ou sans coupole paraissent avoir été très en vogue. L' « oratoire de Saint-Nicolas », Monastir Djami de même que Kefeli-Djami[5], dénotent une tendance à s'écarter du plan basilical classique, si magnifiquement représenté à Constantinople par l'église du Stoudion.

Le plan central est aussi très varié. L'octogone de Cheïk-Suleïman-Djami diffère des types, représentés, à Constantinople, par le baptistère de Sainte-Sophie et l'église des Saints-Serge-et-Bacchus, qui sont tous deux inscrits dans un carré. Sandjakdar-Djami, l'octogone à croix grecque, est unique, à ma connaissance, à Constantinople. Ailleurs on trouve des partis non moins intéressants.

[1] M. Gurlitt, *op. cit.*, p. 42, en fait à tort un hexagone.

[2] L'appareil caché sous le badigeon n'est pas homogène. Les arcs aigus soutenant la coupole ont été peut-être refaits.

[3] Une porte récente a été percée dans la niche nord-ouest; les deux portes anciennes ont été murées; l'une s'ouvrait à l'ouest sous un arc muré aujourd'hui; l'autre à l'est est encore visible sur le dessin de Paspatis, Βυζαντιναὶ Μελέται, Constantinople, 1887, p. 352.

[4] Cf. Gurlitt, *op. cit.*, p. 40.

[5] Cf. Gurlitt, *op. cit.*, pl. 10 c.

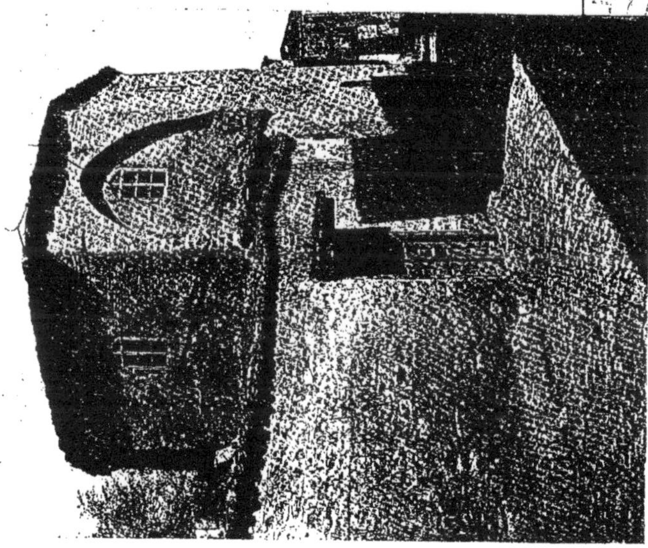

Fig. 16. — Cheik-Suleïman-Djami.

Fig. 17. — Sandjaklar-Djami. Abside.

Fig. 18. — Ahmed-pacha-Djami.

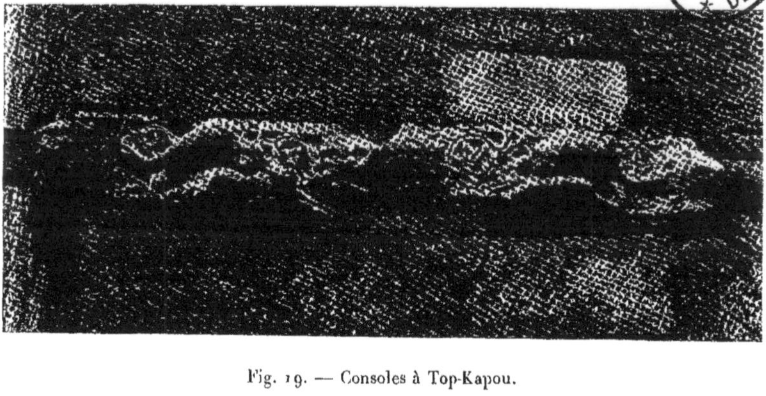

Fig. 19. — Consoles à Top-Kapou.

A Balaban-Aga-Djami, on trouve non plus l'octogone mais l'hexagone, avec six niches rayonnantes voûtées en berceau[1]. Le plan tétraconque apparaît enfin au Phanar, à l'église de la Panagia Mougliotissa[2], où la haute coupole à tambour est flanquée sur les quatre côtés de demi-coupoles[3].

III

À TRAVERS LE VIEUX STAMBOUL.

L'ornement sculpté a été également l'objet de nos recherches. On l'a étudié non seulement dans les anciennes églises; mais on l'a recherché aussi dans les monuments de l'architecture civile et militaire et dans les rues de la ville turque, où l'on rencontre souvent des morceaux intéressants.

La grande muraille méritait à cet égard une attention toute spéciale. La Porte Dorée, Yeni-Mevlévi-Hané-Kapou ne sont pas les seuls qui aient conservé des sculptures importantes. Plus loin, à Top-Kapou, on peut voir deux consoles encastrées à l'intérieur de la porte (fig. 19). Aux extrémités figurent des têtes de lion, la gueule ouverte. Au milieu, sur un fond sculpté d'entrelacs, se détachent, en relief très accusé, deux groupes d'animaux représentant une bête féroce, terrassant et déchirant sa proie d'un mouvement rapide.

Ailleurs, sur le mur maritime, près de la Maison de Justinien, d'autres consoles en marbre blanc sont couvertes de délicates sculptures, rinceaux avec croix, palmettes, rangs de perles. La Maison de Justinien est elle-même un véritable musée, avec les chambranles en marbre sculpté de ses grandes baies, avec ses chapiteaux aux types si variés. Parmi ces derniers, il faut signaler ceux de la triple arcade qui s'ouvre sur la mer (fig. 20). Avec leurs feuilles d'acanthe qui s'y déployent en rinceaux, avec leurs volutes, ils rappellent ceux qui décorent la galerie de Sainte-Sophie[4]. Tout

[1] Cf. Gurlitt, *op. cit.* p. 42.

[2] Cf. Gurlitt, *op. cit.*, pl. 9 *h*.

[3] Du côté sud la demi-coupole a été murée; elle s'appuie aujourd'hui sur un grand arc récent.

[4] Cf. E. M. Antoniadis, *Ἔκφρασις τῆς Ἁγίας Σοφίας*, t. I, pl. 26; t. II, pl. 69.

près un grand linteau de marbre blanc a été mis récemment à découvert (fig. 21). Il ne se trouve plus à sa place dans le mur où il a été maladroitement dressé. Il est arrondi d'un côté. La partie supérieure retaillée, avec un trou, permettrait de supposer qu'il a été réemployé comme linteau de porte. Les sculptures qui le recouvrent sont remarquables. Entre deux bandes de rais de cœur, court un rinceau d'acanthe fermé en cercle, d'un aspect encore tout antique. Sur la partie bombée, apparaissent des sculptures d'un caractère différent : pampres, grappes de raisin et feuilles de vigne.

Parmi les sculptures relevées dans la ville, je signalerai une série de chapiteaux, près de la Sublime-Porte, près de Kutchuk-Aya-Sofia-Djami, de Hodja-Moustapha-Pacha-Djami, de Selimyé-Djami et d'Eski-Imaret-Djami, dont plusieurs représentent des types assez différents de ceux qui sont encore en place dans les monuments. Près de la Sublime Porte, un sarcophage en marbre blanc sert aujourd'hui de fontaine aux ablutions (fig. 22). Aux extrémités, au milieu d'un cercle, on distingue encore une croix effacée, en faible relief. Sur le côté long, les ornements sculptés sont mieux conservés. La disposition générale des deux plaques est analogue à celle des parapets de la galerie de Sainte-Sophie : losanges à profondes moulures, et, dans les écoinçons, des feuilles et des branches de fruits. On retrouve aussi, à gauche, le motif central, la rosace à quatre palmettes [1].

Ces recherches sur l'ornement sculpté, au cours desquelles le vieux Stamboul a été parcouru en tous sens, en appelaient tout naturellement d'autres : les recherches topographiques. J'ai eu souvent l'occasion de noter des ruines et des restes de constructions, provenant d'anciens monuments byzantins. Dans le quartier incendié le 23 août 1908, on a relevé une liste de substructions qui disparaissaient peu à peu, les propriétaires s'en servant comme matériaux pour reconstruire leurs maisons incendiées. Sans parler des murs terrestres, qui servent trop souvent de carrière et qui sont voués à une ruine certaine, si l'on n'y pratique à brève échéance des travaux de restauration, j'ai assisté à la destruction complète de l'élégant portique de Carien, qui s'élevait au quartier d'Eïvan-Seraï et était adossé à l'enceinte de la Corne d'Or. D'autres

[1] Cf. Antoniadis, *op. cit.*, t. II, p. 262, fig. 332; p. 298, fig. 381, 383; p. 343, fig. 509.

Fig. 21. — Maison de Justinien. Linteau de marbre.

Fig. 20. — Maison de Justinien. Colonne de l'arcade.

Fig. 22. — Sarcophage près de la Sublime-Porte.

monuments comme Sandjakdar-Djami ou l'« oratoire de Saint-Nicolas » tombent en ruines ou sont occupés par des particuliers. La Maison de Justinien elle-même est laissée à l'abandon.

Il est à espérer qu'à défaut de restaurations des fouilles pratiquées méthodiquement permettront au moins une exploration du sous-sol. Déjà celles qui ont été exécutées par l'Institut archéologique russe, au quartier de Psamatia, ont dépassé les espérances et font entrevoir les richesses artistiques conservées dans le sol de Byzance. Il faut rappeler aussi que la base de la colonne d'Eudoxie avec son inscription bilingue, qui se trouve aujourd'hui dans la cour de Sainte-Irène, a été trouvée à une profondeur de 3 mètres sur l'emplacement de l'ancienne place de l'Augustéon et près du grand palais [1]. Ces fouilles s'imposent aussi pour élucider certains problèmes de topographie. Pour n'en citer qu'un exemple, je signalerai l'importance des substructions et des voûtes au sud d'Eïvas-effendi-Djami, qui correspondraient assez bien à l'emplacement de l'ancien palais des Blachernes. En plusieurs endroits il suffirait même de quelques coups de pioche pour mettre à découvert des choses intéressantes et exhumer les restes d'une civilisation, qui ne fut ni sans gloire ni sans grandeur.

[1] Cf. Mordtmann, *op. cit.*, p. 64.

ÉTUDES SUR L'HISTOIRE

DE

LA SCULPTURE BYZANTINE,

PAR

M. LOUIS BRÉHIER

Bien que l'histoire de la sculpture byzantine ait donné lieu, et en France en particulier, à d'importants travaux [1], on ne peut dire que les problèmes qu'elle soulève aient reçu encore une solution. L'architecture, les mosaïques, les miniatures, les arts décoratifs ont préoccupé surtout les archéologues : la sculpture a été quelque peu délaissée. Deux idées courantes ont longtemps faussé l'histoire de la sculpture byzantine. On admettait que la sculpture n'avait jamais tenu dans l'art byzantin qu'une place médiocre; son histoire n'était que celle d'une longue décadence. D'autre part on déclarait que la figure humaine, et en particulier la représentation iconographique, en avait été écartée pour des raisons religieuses, surtout depuis la querelle des iconoclastes. Les partisans des images auraient fait cette concession à leurs adversaires [2]. Les termes mêmes dans lesquels le concile de Nicée, dans sa session du 13 octobre 787, recommande la vénération des images, ont paru assez vagues pour justifier cette conclusion. Alors que la peinture

[1] Rappelons seulement les publications d'Albert DUMONT, *Revue Archéol.*, 1868, p. 237. — BAYET, *Recherches pour servir à l'histoire de la peinture et de la sculpture chrétienne en Orient avant la querelle des iconoclastes*, Paris, 1879. — STRZYGOWSKI, *Das goldene Thor in Konstantinopel* (*J.D.A.I.*, 1893). — LAURENT, *Delphes chrétien* (*B.C.H.*, 1899). Pour la bibliographie complète, voir DIEHL, *Manuel d'art byzantin*, Paris, 1910.

[2] DUMONT, *op. cit.*, p. 222. « On sait que l'usage de la sculpture pour représenter les Saints et la Vierge fut interdit en Orient dès le VIIIe siècle. » — CHOISY, *Hist. de l'Architecture*, 1903, II, p. 31. « On observera comme un caractère commun à toutes les écoles du Bas-Empire l'absence absolue d'ornements empruntés à la représentation d'êtres vivants. Les derniers monuments de la sculpture figurée sont les sarcophages chrétiens de l'Occident; en Orient la statuaire expire à l'apparition du Christianisme, l'imitation de la figure humaine n'est bientôt plus admise qu'en peinture : c'est dans l'art une manifestation des tendances iconoclastes de l'Asie chrétienne. »

et la mosaïque sont autorisées expressément, « τὰς ἐκ χρωμάτων καὶ ψηφίδων [εἰκόνας] », la sculpture n'est pas mentionnée et l'assemblée se contente d'admettre les images « en toute autre matière appropriée à cette destination, καὶ ἑτέρας ὕλης ἐπιτηδείως ἐχούσης »[1]. Il semble cependant que la légitimité des images sculptées soit implicitement contenue dans cette déclaration. Par « toute autre matière » il faut entendre évidemment la pierre, le bois, l'ivoire, etc.

En fait, comme on l'a déjà montré[2], il est impossible de citer un seul canon de l'Église grecque qui condamne, soit la sculpture, soit même la figure iconographique en relief. La répugnance actuelle des églises d'Orient pour les arts plastiques est une acquisition moderne, postérieure à la chute de l'empire byzantin; il n'est même pas impossible que, par un zèle malentendu, le clergé grec ne se soit fait l'auxiliaire de la fureur iconoclaste des Turcs et n'ait contribué à anéantir une partie des sculptures d'un caractère iconographique[3].

Il est exact d'ailleurs que dans une église byzantine la sculpture n'a jamais dû tenir autant de place que dans nos églises romanes et gothiques. Le rôle qu'elle joue dans les édifices d'Orient a en réalité un caractère très spécial, très différent de celui qu'elle a en Occident et cette divergence ne peut s'expliquer que par la distance qui sépare les deux conceptions qu'Orientaux et Occidentaux ont toujours eues de l'art. En Occident la sculpture a pour objet essentiel d'accuser les profils d'un monument; elle est comme le couronnement de l'œuvre architecturale; elle fait valoir dans l'espace les formes d'un édifice et donne un amortissement à ses lignes. En Orient au contraire la sculpture est avant tout un cadre et un revêtement; elle sert à rehausser les tableaux de mosaïque, à cacher la nudité des murs de briques, à orner les balustrades et les parapets, en un mot à décorer des surfaces horizontales. Pour les Occidentaux la sculpture est la représentation des corps vus dans l'espace sous les trois dimensions; pour les Orientaux elle n'est qu'un revêtement décoratif analogue à la mosaïque ou à la tapisserie. La sculpture occidentale est avant tout plastique, et le mo-

(1) Mansi, XIII, 377 CD.
(2) Bayet, *Recherches*..., p. 105 et suiv. — Diehl, *M. A. B.*, 608.
(3) Cf. l'anecdote du XVIIe siècle, citée par Bayet, p. 107, n. 1.

delage en est le procédé essentiel; en Orient ce rôle de la plastique est réduit au minimum; la sculpture y est un dessin en relief et ses procédés ne diffèrent pas beaucoup de ceux de la gravure ou de la ciselure.

Comment se fait-il que dans un pays où la tradition hellénique était encore vivante, dans une ville où les empereurs avaient accumulé depuis Constantin les chefs-d'œuvre de l'art grec, la sculpture ait suivi cette voie? Nous touchons ici à la question de l'origine orientale de l'art byzantin. Ce n'est pas, comme on l'a cru, pour des raisons religieuses que la sculpture s'est transformée à la fin de l'antiquité. L'art chrétien a eu aussi bien en Orient qu'en Occident une école de plastique, dont on retrouve sans cesse de nouvelles œuvres. Il ne suffit pas non plus, pour expliquer cette évolution, d'invoquer une décadence artistique; nous verrons au contraire dans la sculpture byzantine des spécimens de techniques qui supposent un art très savant et une habileté consommée. Il n'y a pas eu en réalité régression mais transformation sous l'influence de l'Orient. Après avoir modifié l'art hellénistique à son image, l'art oriental s'est imposé à tout l'empire romain; le courant d'orientalisme, si intense dans tous les domaines au ve siècle, a submergé la tradition hellénistique et la sculpture a subi la même fortune que les autres arts. Or en Orient les écoles de plastique sont rares et, sauf en Égypte, ne se sont jamais développées. L'Oriental, semble-t-il, ne voit pas comme nous les objets dans l'espace; ils sont pour lui comme s'ils étaient sur le même plan. Tandis que pour un Grec toute chose a un contour précis, un Oriental vit dans un rêve perpétuel; l'art le plus conforme à son tempérament est celui qui lui présente de grandes surfaces ornées de motifs irréels et laisse ainsi libre cours à son imagination; telle est, semble-t-il, la raison profonde de la conception qu'il a de la sculpture.

Cette conception se manifeste dans toutes les écoles artistiques du moyen âge. L'art musulman, qui tient par ses racines aux traditions les plus anciennes de l'Asie continentale, est, pour ainsi dire, son domaine propre. Dans l'art byzantin elle a dû se concilier avec la tradition hellénistique et le problème consiste à rechercher dans quelle mesure elle l'a modifiée. Enfin l'art occidental lui-même a subi son influence et il est important de noter d'une manière plus précise qu'on ne l'a fait jusqu'à ce jour les rapports que présente la sculpture occidentale avec les monuments byzantins ou orientaux. La fameuse question « byzantine » a été surtout étudiée jusqu'ici au point de vue architectural ou pictural. Il serait pourtant d'un grand intérêt d'arriver à déterminer jusqu'à quel degré la sculpture occidentale dépend de l'Orient ou de Byzance et à quelle époque l'originalité a succédé à l'imitation. C'est à l'Occident en effet qu'on doit, à la fin du XIIe siècle, la renaissance de la sculpture plastique et naturaliste; les ténèbres couvrent encore les origines de ce mouvement d'où est issue cependant notre sculpture moderne.

On voit ainsi quelle est l'importance et la complexité des problèmes que soulève l'étude de la sculpture byzantine. Il s'agit d'abord de déterminer et de classer les diverses techniques qu'elle emploie, de rechercher l'origine de ces techniques, de fixer, s'il est possible, les limites chronologiques de leur usage, de signaler leurs rapports avec celles des monuments orientaux et de la sculpture occidentale. Il faut en outre montrer quels sont les motifs de décoration qui correspondent à ces diverses techniques.

Tel serait le plan d'une histoire comparée de la sculpture au moyen âge que le présent travail ne peut avoir la prétention de réaliser. Nous voudrions simplement tenter d'établir une classification des monuments de sculpture que nous avons pu étudier sur place, à Constantinople, dans les anciennes églises byzantines et au Musée Impérial Ottoman, au Musée de Brousse, dans la salle byzantine du Theseion d'Athènes ainsi qu'à l'église de Daphni, dans les églises et au Musée de Ravenne et enfin à Saint-Marc de Venise[1]. Nous chercherons à rapprocher ces monuments de ceux d'Orient et d'Occident qui présentent avec eux quelque rapport. Enfin, si la plupart des édifices que nous avons visités sont bien connus, si la chronologie de leur ornementation ne présente pas de grandes difficultés, il n'en est pas de même de cet entassement de sculptures de tout âge et de tout style qui forme à Saint-Marc de Venise comme un musée incomparable. Il n'est donc pas inutile de rappeler que la plupart des sculptures de Saint-Marc antérieures au XIIIe siècle proviennent, soit d'anciens monuments, soit d'im-

[1] Qu'il nous soit permis d'exprimer notre reconnaissance à S. Exc. Halil Edhem bey, directeur du Musée Impérial Ottoman, ainsi qu'à M. Adamantios I. Adamantiou, inspecteur des monuments historiques de Grèce, qui ont bien voulu faciliter notre tâche à Constantinople et à Athènes.

portations et de trophées de victoires. Il n'est pas du tout prouvé que celles même qui furent exécutées à Venise au moment de la construction de la basilique l'aient été par des artistes vénitiens. Nombreux sont les textes des chroniques vénitiennes qui nous renseignent sur cette importation systématique à Venise de marbres orientaux [1]. Elle fut même si abondante que des particuliers en ornèrent leurs palais : encore aujourd'hui on peut voir à la façade de quelques palais d'époque romane, par exemple aux palais Businello et Dona sur le Grand Canal, ainsi qu'au Fundacho dei Turchi, des chapiteaux remployés et des fragments de parapets de style oriental analogues à ceux qui décorent la basilique. Les architectes de Saint-Marc surent d'ailleurs tirer un parti admirable de ces matériaux disparates et sauvegarder l'unité de leur édifice. Les colonnes originaires d'un même monument furent disposées autant que possible avec symétrie. Tous les fûts antiques en marbre ou en porphyre conservèrent leur astragale supérieur; celui du bas au contraire a été supprimé, très souvent pour ramener le fût à la dimension voulue. Au-dessus des chapiteaux de tout style et de toute époque règne une frise uniforme exécutée au XIe siècle; de même à l'intérieur, tous les chapiteaux ont été placés sous des tailloirs semblables. Enfin, aussi bien à la façade que dans les nefs, toutes les bases ont été refaites suivant deux types. Celle qui domine est la base attique composée d'une gorge profonde entre deux tores et munie aux quatre angles de griffes très simples (une large feuille d'eau avec une nervure centrale). L'autre base a le même profil, mais elle est dépourvue de griffes et repose sur une petite plinthe octogonale ou carrée. Le style de ces travaux indique la fin du XIe ou la première moitié du XIIe siècle. Les trophées de victoire rapportés postérieurement à cette époque, comme le groupe de porphyre des quatre empereurs, ou les piliers de Saint-Jean-d'Acre conquis sur les Génois en 1258, furent placés hors œuvre, à l'extérieur. Les sculptures de Saint-Marc constituent donc une source unique pour l'histoire de l'art byzantin et de l'art oriental.

C'est à l'aide de ces matériaux que nous avons essayé de classer les différentes techniques employées dans la sculpture byzantine.

[1] Boïto, *La Basilique de Saint-Marc* (traduct. franç. Cruvellié), p. 278, 445-447, 932-933, 942. Nous faisons d'ailleurs toutes réserves sur la chronologie de l'auteur qui affirme «qu'avec l'an mille Venise cessa d'attirer les sculpteurs byzantins».

Si l'on en excepte les œuvres en ronde bosse ou en demi-relief, dans lesquelles se perpétue la tradition antique, un caractère commun distingue ces techniques, c'est la substitution au modelage de procédés empruntés à des arts très différents de la sculpture. Aux époques hellénistique et romaine, on avait déjà connu le bas-relief pittoresque[1], dans lequel le sculpteur se place au même point de vue que le peintre et cherche à rendre comme lui les effets de perspective. C'est à des arts encore plus éloignés de la sculpture par leur technique et leur destination que les maîtres byzantins sont allés demander des modèles. Comme il s'agissait pour eux avant tout de décorer des surfaces, ils ont copié tout naturellement les œuvres qui servaient à revêtir les murailles des édifices, les étoffes brodées, les tapisseries, les panneaux de métal ciselé ou émaillé. Dans la pratique ces diverses techniques n'ont pas été employées isolément, mais on les trouve souvent réunies sur une même œuvre. Il est nécessaire cependant de les isoler pour en faire l'étude et, si l'on veut avoir la réelle intelligence de ces monuments, il faut renoncer pour les désigner aux expressions usuelles et créer une terminologie qui leur soit adaptée. En partant de ce principe, il semble qu'on puisse ramener toutes les œuvres de sculpture byzantine aux sept techniques suivantes :

1° La ronde bosse ou le demi-relief;
2° La sculpture au trépan;
3° La sculpture-broderie;
4° La sculpture à jour;
5° La sculpture en méplat;
6° La sculpture champlevée;
7° La gravure sur pierre.

PRINCIPALES ABRÉVIATIONS.

BAUM. = BAUM, L'Architecture romane en France. Paris, 1911.
BOÏTO = BOÏTO, La Basilique de Saint-Marc (trad. franç. Cruvellié). 3 vol. Venise, 1899.
B. A. C. T. H. = Bulletin archéologique du Comité des Travaux historiques.
B. C. H. = Bulletin de Correspondance Hellénique.

[1] COURBAUD, *Le bas-relief romain à représentations historiques*, Paris, 1899.

Bull. Instit. Arch. russe = Bulletin de l'Institut Archéologique russe de Constantinople.
B.M. = Bulletin Monumental.
B.Z. = Byzantinische Zeitschrift.
Cabrol = Dom Cabrol, Dictionnaire d'Archéologie chrétienne (en cours de publication).
Diehl, *M.A.B.* = Diehl, Manuel d'Histoire de l'Art byzantin. Paris, 1910.
Errard et Gayet, *Parenzo* = Errard et Gayet, L'Art byzantin d'après les monuments de l'Italie et de l'Istrie. Parenzo. Paris, 1901.
Gayet, *Ravenne* = L'art byzantin, d'après les monuments de l'Italie et de l'Istrie, Ravenne et Pomposa. Paris, 1909.
Lampérez = Lampérez y Romea, Historia de la Arquitectura Cristiana Española, I, Madrid, 1908.
I.D.A.I. = Jahrbuch des Kaiserlichen deustchen Archäologischen Instituts.
Mendel = Mendel, Catalogue des Sculptures grecques, romaines et byzantines du musée de Brousse. Athènes, 1908.
M.I.O. = Musée Impérial Ottoman de Constantinople.
N.B. di Arch. = Nuovo Bullettino di Archeologia cristiana.
Salzenberg = Salzenberg, Altchristlische Baudenkmäler von Konstantinopel. Berlin 1854.
Schlumberger, *Epop. byz.* = Schlumberger, L'Épopée byzantine. 3 vol. Paris, 1900-1906.
Venturi = Venturi, Storia dell' Arte Italiana. t. I-III. Milan, 1904.
Vitry = P. Vitry et Brière, Documents de Sculpture française du moyen âge. Paris, 1904.

I. RONDE BOSSE ET DEMI-RELIEF.

Il est très difficile aujourd'hui de savoir dans quelle mesure la tradition de la statuaire antique s'est conservée dans l'art byzantin. Les deux prises de Constantinople, en 1204 et en 1453, furent suivies de ravages, dont les statues de bronze eurent particulièrement à souffrir. Sauf la fameuse statue de Barletta, dans laquelle on voit tantôt Théodose, tantôt Héraclius [1], on peut dire que toutes ont disparu. La persistance de la coutume d'élever des statues aux empereurs régnants est du moins un fait bien établi jusqu'à l'époque des iconoclastes [2]. Il ne faut donc pas tirer de la pénurie actuelle de documents des conclusions trop hâtives; on peut tout au plus affirmer, et c'est là un point important, que cette sculpture dis-

(1) Venturi, I, 164, fig. 154.
(2) Diehl (*M.A.B.*, 262-263). — Dom Leclercq, *Manuel d'archéol. chrét.*, I, 1907, p. 247.

parut au moment de la crise iconoclaste. Il est vrai qu'une tentative a été faite pour démontrer qu'il y avait eu, au moins dans le domaine religieux, une renaissance de la statuaire byzantine. Dans son *Histoire de l'Art italien*[1], M. Venturi y rattache les quatre belles statues d'anges placées sur des consoles romanes aux quatre piliers de la croisée de Saint-Marc de Venise; se fondant sur l'existence dans la Pala d'Oro d'icones originaires de l'église du Pantocrator, construite par Jean Comnène (1118-1143), il suppose que ces statues ont la même origine et proviennent, ainsi que les chevaux de Saint-Marc, du butin de 1204. L'attitude de ces anges, dont l'un, rempli d'une vie admirable, sonne de l'olifant, dont deux autres déroulent des phylactères, ferait songer à un Jugement dernier. Ce serait là un fait tellement exceptionnel dans tout ce que nous connaissons de l'art byzantin que cette affirmation éveille le doute. En réalité c'est à la sculpture lombarde de la fin du XIIe siècle qu'il faut faire honneur de ces belles statues; l'impression qui s'en dégage, le mélange curieux de beauté antique et de raideur naïve, permettent de les rapprocher des anges du Jugement dernier du Baptistère de Parme, publiés par M. Venturi lui-même[2] et attribués à Benedetto Antelami. Les anges de Venise appartiennent bien à la même école.

Ce n'est pas non plus de la sculpture byzantine, ainsi que l'a démontré M. Strzygowski[3] que relève le groupe en porphyre d'une facture si énergique, placé aujourd'hui au pied de Saint-Marc de Venise, sur la façade de la Piazzetta et qui représente quatre empereurs se donnant l'accolade deux à deux. La provenance égyptienne de ce groupe ressort de la pierre même dont il est fait et aussi du type trapu et lourd d'humanité qu'il représente. En revanche le Musée Impérial Ottoman possède un torse d'empereur en marbre blanc qui paraît avoir fait partie d'un groupe semblable et donne davantage l'impression d'une œuvre hellénistique[4]. Le mouvement du fragment de bras droit conservé indique que le sujet se tournait à droite pour prendre la main d'un autre personnage. Quelques détails distinguent son armement de celui des empereurs de Venise. Il porte une cuirasse de mailles (celle de

(1) Venturi, II, 516, fig. 360-363.
(2) Venturi, III, fig. 294-295.
(3) *Beitraege zur alter Geschichte*, III, 1902, p. 105 et suiv.
(4) Musée Impérial Ottoman, n° 1094.

Venise est le thorax lisse), et le fourreau de son épée est orné d'une tresse (à Venise ce sont des plaques de verroterie cloisonnée). Par contre, à Constantinople comme à Venise, on retrouve le baudrier garni de plaques carrées qui imitent la erroterie cloisonnée, ainsi que la garde d'épée que saisit la main gauche et qui se termine par une tête d'oiseau stylisé analogue à celles qu'on trouve dans les tombes mérovingiennes ou gothiques. La taille du personnage de Constantinople n'atteignait guère que 1 mètre, tandis que les empereurs du groupe vénitien ont 1 m. 36 de hauteur. Enfin le fragment de Constantinople donne encore plus que le groupe de Venise l'impression de platitude : les muscles n'accusent plus aucun relief et ce corps flasque et sans vie montre clairement que les sculpteurs ne connaissent plus l'art du modelage. Il semble qu'on ait affaire à une survivance d'un art que des raisons politiques seules ont conservé, mais dont on ignore désormais les lois primordiales. Le groupe, dont le torse du Musée Ottoman faisait partie, n'était pas d'ailleurs une réplique fidèle de celui de Saint-Marc. Sans doute l'inspiration des deux groupes était la même; ils étaient destinés probablement à surmonter une colonne et à traduire d'une manière ostensible la formule que l'on trouve souvent sur les monnaies lorsque des empereurs associés règnent ensemble : CONCORDIA AVGVSTORVM [1]. Mais au lieu du geste tout oriental de l'accolade, on trouve à Constantinople la simple poignée de main plus conforme aux traditions romaines. Les deux groupes étaient donc deux interprétations différentes d'une même idée. Celui de porphyre relève de l'Orient; on retrouve dans l'attitude de l'empereur placé à gauche sur le retour d'angle ouest de la Piazzetta la vieille convention familière à l'art égyptien, un buste de profil sur un corps et des jambes placées de face. Le fragment de Constantinople est au contraire un morceau d'art hellénistique et nous montre ce qu'était devenue la statuaire probablement au début du ve siècle. Si le groupe de Saint-Marc représente la tétrarchie de Dioclétien, il se peut que le fragment de Constantinople ait appartenu à un groupe d'Honorius et d'Arcadius (395-408).

[1] Sabatier, *Monnaies byzantines*. Arcadius, n° 10, Théodose II, n°s 2, 23, 25, 26. — Cf. une pièce émise au nom de Constant entre 337-340 avec la légende FELICITAS PERPETVA. On y voit les trois empereurs Constantin II, Constance II, Constant Ier, assis, l'un près de l'autre (Maurice, *Numismatique constantinienne*, I, p. 159-160).

Le bas-relief pittoresque à représentations historiques n'a guère laissé plus de souvenirs que la statuaire. Au Musée Ottoman on voit une figure colossale de Victoire qui a dû faire partie d'un monument triomphal[1]. Elle porte le chiton serré à la taille avec des plis tumultueux dans le bas : les ailes éployées, elle tient à la main une longue palme. Le monument le plus notable de ce groupe est la fameuse base de l'obélisque érigé sur la spina de l'Hippodrome par Théodose Ier en 390 et conservé actuellement sur la place de l'Atmeïdan. Rien n'est plus instructif que l'étude de ce monument qui, au même titre que les bas-reliefs de l'arc de Constantin à Rome, caractérise l'agonie de la sculpture officielle. Il a en outre cet intérêt de nous donner une date certaine, puisque ces sculptures, d'après la double inscription qui les accompagne, furent terminées sous le préfet du prétoire Proclus en 401[2]. Il n'y a plus la moindre vie dans ces files de dignitaires placés dans la tribune impériale autour des souverains. Tous ont la même coupe de tête, les mêmes cheveux taillés en rond, la même attitude rigide. Une symétrie enfantine tient lieu de composition et, dans son désir de rendre la perspective d'une représentation à l'Hippodrome vue de la tribune impériale, le sculpteur n'a imaginé rien de mieux que de réduire à la taille de nains les figurines qui sont censées représenter les acteurs. On remarque enfin la même disproportion choquante entre les têtes, dont le relief est assez accusé, et les corps qui sont presque traités en méplat. Aucun monument ne fait mieux sentir la nécessité qui forçait les sculpteurs à renoncer à la tradition hellénistique pour chercher des voies nouvelles.

Les débris de sculptures d'un caractère religieux qui appartiennent à la même époque et à la même inspiration sont presque aussi connus que la base de l'obélisque de Théodose. Nous n'insisterons donc pas sur ces œuvres qui dénotent la même incapacité à reproduire les corps dans l'espace et à en respecter les proportions. On peut voir au Musée Ottoman le bel ambon de Salonique étudié par M. Bayet[3] et qui est orné de l'Adoration des Mages. Le trépan joue déjà un grand rôle dans cette sculpture; on s'en sert pour obtenir le contour des feuilles d'acanthe épineuses ou séparer les oves qui entourent les archivoltes. Au-dessus des niches se trouve un tore

[1] Musée Impérial Ottoman, n° 948.

[2] Banduri, *Imperium Orientale*, I, 182.

[3] *Archives des Missions scientifiques*, 3e s., III, 1876.

composé de larges feuilles et de fruits entièrement détachés du fond : c'est un des premiers exemples d'un technique nouvelle sur laquelle nous aurons l'occasion de revenir. Dans la même salle se trouvent les deux fûts de colonnes couverts de reliefs offrant au milieu d'un feuillage touffu, l'un des scènes pastorales, l'autre un Baptême du Christ que M. Strzygowski date de la fin du ve siècle [1]. Les quatre bustes en médaillon, dont un seul bien conservé représente probablement l'évangéliste saint Marc, appartiennent à la même époque [2], ainsi que le parapet d'ambon où sont figurés les trois Hébreux dans la fournaise [3]. D'une époque un peu plus ancienne sont une statue du Bon Pasteur portant un bélier sur ses épaules et une statue d'Orphée. On peut rapprocher de ces œuvres le bas-relief de Sinope, acquis par le Musée de Berlin en 1901 [4], ainsi que le monument de Jonas du Musée de New-York [5]. Elles offrent toutes dans leur facture une parenté évidente; il est rare que les têtes des personnages soient bien proportionnées à leur corps; elles sont ou trop grosses, ou trop petites comme celles du médaillon de Saint-Marc. Les corps affectent des formes raides et géométriques et, pour rendre les plis des vêtements, de profonds sillons, creusés à l'aide du trépan, remplacent le modelé. C'est tout au plus si, dans la facture assez souple des figurines qui se détachent sur les fûts ornés de vignes, on retrouve quelque chose des traditions antiques.

Ces débris de sculpture suffisent à nous montrer que la statuaire et le haut-relief tenaient encore une place très importante dans la décoration des églises au VIe siècle. On a d'ailleurs la preuve que des statues d'un caractère religieux s'élevaient sur les places de Constantinople [6] et l'on connaît la célèbre statue du Christ, dont on voit une représentation sur le revers d'un sceau impérial [7], qui surmontait le portail du palais de Chalcé. Deux des colonnes qui supportent le ciborium de Saint-Marc de Venise ont été enlevées en 1243 à une basilique de Pola, en Istrie. Leurs fûts sont couverts

[1] *Byzantin. Zeitschr.*, I, 1892, pl. I-II.
[2] *Byzantin. Zeitschr.*, I, pl. III.
[3] Muñoz, *Nuovo Bullett. di Archeol. crist.*, 1906, pl. III-IV.
[4] Strzygowski, *Iahrb. d. kg. preuss. Kunstsamml.*, XXII, 1901, p. 29-34.
[5] Strzygowski, *Kleinasien*, Leipzig, 1903, p. 198.
[6] Bayet, *Recherches sur la peinture et la sculpture*, p. 112.
[7] Schlumberger, *Épopée byzantine*, I, 80.

de compartiments de reliefs qui représentent les scènes de la Passion et ont été exécutés vraisemblablement au VIe siècle[1]. Le haut-relief était employé aussi pour les figures qui ornent les sarcophages chrétiens. L'exemple le plus célèbre fourni par Constantinople est le fameux fragment trouvé dans le quartier de Psamatia, aujourd'hui au Musée de Berlin[2]. La statue du Christ entouré de deux apôtres se détache sur un fond d'architecture exécuté au trépan suivant la manière caractéristique des sarcophages dits d'Asie Mineure. Malheureusement les sarcophages chrétiens ne sont représentés au Musée Ottoman que par un fragment qui montre la momie de Lazare entre deux colonnes. Quant aux sarcophages à représentations iconographiques conservés en grand nombre à Ravenne, il paraît difficile de les rattacher à l'influence byzantine : c'est dans les villes de l'Orient hellénistique avec lesquelles Ravenne était en relations suivies, c'est à Antioche et à Alexandrie qu'il faut aller chercher les sources de leur inspiration. L'exécution des sarcophages à figures en relief paraît d'ailleurs avoir cessé avant la fin du VIe siècle.

C'est dans un autre domaine, dont on n'a pas tenu jusqu'ici un compte suffisant, que la tradition de la plastique grecque s'est perpétuée. Alors que les ouvrages d'archéologie notent avec le plus grand soin toutes les variétés de la disposition des feuilles d'acanthe sur les chapiteaux corinthiens, ils ne font à peu près aucune place aux chapiteaux à représentation animée, dont l'art oriental, l'art hellénique et l'art byzantin offrent pourtant de si nombreux spécimens. Il semble que ces motifs soient une invention de l'époque romane, alors que les chapiteaux historiés de nos églises du XIe et du XIIe siècle ne sont pour une bonne part que la reproduction ou l'interprétation de modèles plus anciens.

L'origine orientale, spécialement persane, des chapiteaux à têtes d'animaux est aujourd'hui bien démontrée. Il suffit de rappeler les chapiteaux à têtes de taureaux ou à lions cornus du palais de Xerxès à Persépolis, ainsi que celui de Suse rapporté au Louvre par l'expédition Dieulafoy; les poutres qui soutenaient le toit étaient disposées entre les deux têtes adossées. Ce fut par l'intermédiaire de l'Asie Mineure que ces motifs passèrent dans l'art hellénique. Des têtes de taureaux ornent les faces des chapiteaux du temple d'Apollon

(1) VENTURI, I, p. 232-259, 260-279, 281-286.

(2) STRZYGOWSKI, *Orient oder Rom.*, Leipzig, 1901.

Didyméen. Mais, en adoptant cette décoration, les Grecs surent lui donner plus de variété et substituèrent parfois la figure humaine aux têtes d'animaux. Certains chapiteaux du même temple montraient, encadrés entre les volutes, des bustes de grande dimension : celui de Zeus qui est du IIe siècle avant Jésus-Christ a 1 mètre de haut. Le Louvre possède un des plus beaux chapiteaux d'ante du Didymæon : sur chacune des faces une Victoire aux ailes éployées, dont le corps se métamorphose en rinceaux d'acanthe, supporte le tailloir à la manière d'une cariatide : c'est déjà la position que les anges occupent parfois sur les chapiteaux romans du XIIe siècle. Sur un autre chapiteau de pilastre de la même provenance on voit un griffon ailé avec une crête sur la tête. De même aux Propylées d'Eleusis des monstres ailés remplacent les volutes du chapiteau corinthien [1].

On peut dire qu'à l'époque de l'ère chrétienne ce genre de chapiteaux est devenu banal dans le monde antique tout entier. Il est toujours en usage en Orient; on le trouve dans les édifices élevés sous la domination des Parthes, en particulier dans la chambre funéraire de Warka au sud-est de Babylone [2]; plus tard des effigies humaines ornent aussi les faces des chapiteaux cubiques des palais sassanides [3]. Dans l'empire romain l'emploi des motifs animés a été adapté au galbe des chapiteaux composite et corinthien. Tantôt les figures placées aux angles remplacent les volutes; quelquefois au contraire elles sont sculptées sur les faces et tiennent lieu de rosettes; enfin sur beaucoup de spécimens les deux combinaisons se réunissent. On voit en débarquant à Brindisi une des deux colonnes antiques de marbre cipolin, qui, d'après la tradition locale, auraient été transportées d'Égypte par ordre de Sylla [4]. L'inscription latine placée sur la base au nom du protospathaire Lupus est postérieure; sa hauteur atteint 19 mètres et son énorme chapiteau corinthien est orné de figures qui sortent des feuilles d'acanthe. Les volutes sont remplacées par huit torses de tritons groupés deux à deux et sonnant du buccin; sur les faces quatre

(1) DAREMBERG et SAGLIO, *Capitulum*, p. 908.

(2) DIEULAFOY, *L'art antique de la Perse*, Paris, 1889, fig. 16.

(3) STRZYGOWSKI, *Mschatta*, Berlin, 1904, fig. 117.

(4) P. CAMASSA, *Guida di Brindisi*, Brindisi, 1910, p. 21. Le texte d'Appien (*B.C.*, I, 79) ne fait nulle allusion à ces colonnes et parle seulement des privilèges accordés à Brundisium.

bustes de divinités les bras étendus soutiennent le tailloir; les deux qui portent de longues barbes seraient Jupiter et Neptune, les deux autres Pallas et Mars. La même disposition se retrouve sur un chapiteau gallo-romain de Vaison : de simples têtes sont placées aux angles et sur les faces, des génies, sortant des feuilles d'acanthe, tiennent des guirlandes qui entourent le chapiteau [1]. A l'Augustæum d'Ancyre, sur les faces du chapiteau, une Victoire ailée sort des touffes d'acanthe [2]. De même sur un chapiteau composite du musée lapidaire de Nîmes, des têtes féminines apparaissent entre les volutes. Des têtes barbues sont substituées à ces volutes sur un chapiteau antique de basse époque remployé à l'église de la Celle-Bruère (Cher) [3] et les marguerites sont remplacées sur les faces par des têtes imberbes. Enfin sur un demi-chapiteau du Musée Impérial de Constantinople [4] on voit aux angles deux figures allongées de mascarons, dont les cheveux, la barbe et les moustaches se changent en feuilles d'acanthe; la technique des feuilles découpées à jour indique aussi une œuvre de basse époque.

On voit par ces exemples quel parti varié les maîtres hellénistiques surent tirer de ce motif, originaire d'Orient. On peut dire qu'ils se l'approprièrent véritablement en l'adaptant aux règles de leurs ordres d'architecture. La persistance de la décoration animée dans les chapiteaux byzantins ou occidentaux n'est donc pas due au courant d'influence orientale de la fin de l'antiquité : il est au contraire un legs de l'art hellénistique : au moment où l'histoire de l'art byzantin donne lieu à tant de controverses, il n'est pas inutile d'insister sur ce point. Ce mode de décoration fut tellement en faveur à Constantinople qu'il survécut même à la disparition de la sculpture en ronde bosse et se combina avec les nouvelles techniques. Les dispositions furent les mêmes que sur les chapiteaux antiques et le symbolisme chrétien succéda aux personnifications païennes. Le type le plus répandu est celui de personnages et d'animaux substitués aux volutes; très souvent, comme à Brindisi,

[1] Musée de Saint-Germain, n° 11055.

[2] DAREMBERG et SAGLIO, *Capitulum*, p. 909.

[3] *Bulletin Monumental*, 1909, p. 492. Une série importante de chapiteaux historiés a été trouvée à Vienne (Isère); les plus beaux sont formés de quatre trépieds entourés par des serpents dont les têtes forment des volutes (M. REYMOND, *Grenoble et Vienne*, *Villes d'art célèbres*, p. 96-98).

[4] Musée Impérial Ottoman, n° 729.

Fig. 1. — Venise, Saint-Marc. Chapiteau aux béliers.

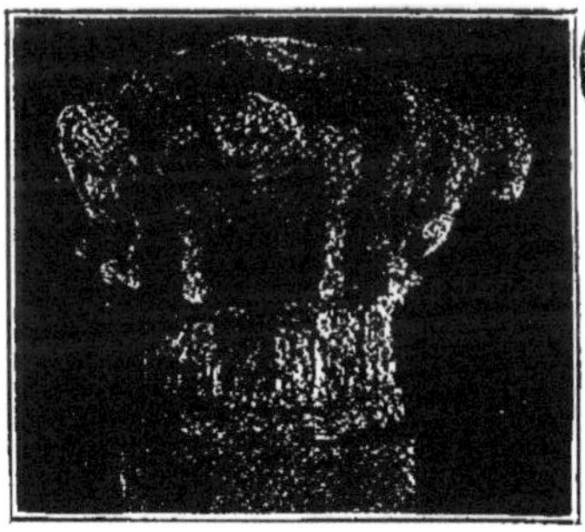

Fig. 2. — Musée Impérial Ottoman. Chapiteau aux béliers.

les faces ont aussi leur décoration animée; plus rarement le motif est réservé à ces seules faces.

Un premier groupe est formé par les chapiteaux ornés de béliers; ce motif peut être rattaché au cycle pastoral qui tient une si grande place dans l'iconographie religieuse avant la querelle des images. Les plus beaux exemplaires sont sans contredit ceux qui surmontent les grosses colonnes qui, à Saint-Marc de Venise, séparent la nef des bas côtés. La corbeille, aujourd'hui entièrement dorée, est dépourvue d'astragale, suivant le galbe antique. Elle est posée maladroitement sur l'astragale du pilier cylindrique de marbre pour lequel elle ne semble pas avoir été faite; elle est entourée d'une couronne de huit larges feuilles d'acanthe aux contours épineux, et dont le bord supérieur est franchement replié. Aux angles, quatre béliers, les pattes appuyées sur le rebord des feuilles, baissent leur tête, garnie de cornes enroulées, pour recevoir la retombée de l'abaque corinthien placé sous le tailloir carré du XIe siècle (pl. I, fig. 1). Il y a un véritable contraste entre les têtes pleines de vie, posées avec un goût sûr, et les corps trop replets auxquels des pattes trop raides s'attachent maladroitement. Les quatre faces de la corbeille paraissent avoir perdu une partie de leur décoration; leur surface, si l'on excepte la magnifique palmette d'acanthe qui s'élève au milieu, est entièrement lisse; la rosette qui interrompt le tailloir évasé est mutilée. Il est possible d'ailleurs d'imaginer une rangée d'oves entre les têtes de bélier qui servent de volutes et l'on obtient ainsi un chapiteau du type composite. Malgré ces preuves incontestables d'un remploi, ces chapiteaux, ainsi que les beaux modèles corinthiens qui leur font pendant, ont longtemps passé pour être l'œuvre des sculpteurs vénitiens du XIe siècle. Il est inutile d'insister sur l'invraisemblance de cette hypothèse et le tailloir à ornements champlevés qui surmonte ce chapiteau suffit à montrer quel abîme il y a entre son exécution et le système décoratif du XIe siècle. D'autre part le relief vigoureux des têtes de béliers et la largeur du dessin des feuilles d'acanthe indiquent encore une bonne époque. Il est difficile de placer ces sculptures plus bas que le IVe siècle et, s'il est permis de risquer une conjecture, il n'est pas impossible qu'elles proviennent d'un de ces monuments grandioses que Constantin avait élevés en Syrie ou en Palestine, à Antioche ou à Bethléem [1].

[1] Eusèbe, *Vita Constant.*, III, 38 et suiv.

D'autres chapiteaux aux béliers appartiennent au contraire à l'époque théodosienne, ainsi que l'indiquent une facture plus barbare, le coussinet ou astragale de feuilles placé à la base de leur corbeille et l'emploi du trépan pour séparer les lobes des feuilles d'acanthe. Tel est le chapiteau fort mutilé du Musée Impérial de Constantinople [1]; découvert au moment où l'on jetait les fondements du musée actuel, il est donc bien originaire de Constantinople et il est en marbre de Proconnèse (pl. I, fig. 2). Son astragale est fait d'une couronne de lauriers, d'où sortent les feuilles droites dessinées à l'aide du trépan; très plates, elles ont cependant très relevés les bords sur lesquels les béliers posent leurs pattes. Ces animaux, dont les cornes ont été brisées, sont représentés en bustes, la tête mal détachée du cou, les pattes pendant d'une manière peu esthétique; sur les faces étaient perchés quatre aigles aux ailes repliées; ils ont perdu leurs têtes. Tel est aussi le chapiteau placé à terre dans un des bas côtés de Saint-Apollinaire in Classe à Ravenne (pl. II, fig. 1). L'astragale de lauriers y est remplacé par une couronne d'acanthe; les feuilles qui ornent la corbeille ont plus de relief et sont mieux dessinées, mais la pose des béliers est la même; sur les faces deux oiseaux alternent avec des bourrelets de feuilles d'acanthe dessinées au trépan. Des chapiteaux analogues se retrouvent à la façade de Saint-Marc de Venise, deux fois au rez-de-chaussée, parmi les colonnes qui séparent le premier et le deuxième portail nord (les oiseaux des faces ont les ailes éployées), deux fois aussi au premier étage, au-dessus du premier portail nord. Le même chapiteau a été signalé dans les basiliques africaines; l'un d'eux, trouvé près de Sousse, reproduit exactement celui de Saint-Apollinaire in Classe [2]. Enfin à Vérone sur une colonne de marbre antique du vestibule placé entre la cathédrale et l'évêché, on remarque un chapiteau à feuilles d'acanthe plates et traitées au trépan : sous les angles du tailloir se trouvent, brisés aujourd'hui, quatre bustes d'animaux dont les pattes sont posées sur le rebord des feuilles; entre eux est une rosette assez grossière, et la tranche du tailloir est ornée de feuilles de vigne dans des zigzags.

A côté des bustes de béliers, des aigles aux ailes éployées ou

[1] Musée Impérial Ottoman, n° 940.

[2] SALADIN, *Bull. archéol. du Comité des Trav. histor.*, 1901, pl. XXXII. Cf. un exemple analogue de la mosquée de Sidi-Obka à Kairouan (*Monum. arabes de Tunisie*, p. 71, fig. 39).

Fig. 1. — Ravenne, Saint-Apollinaire in Classe. Chapiteau aux béliers.

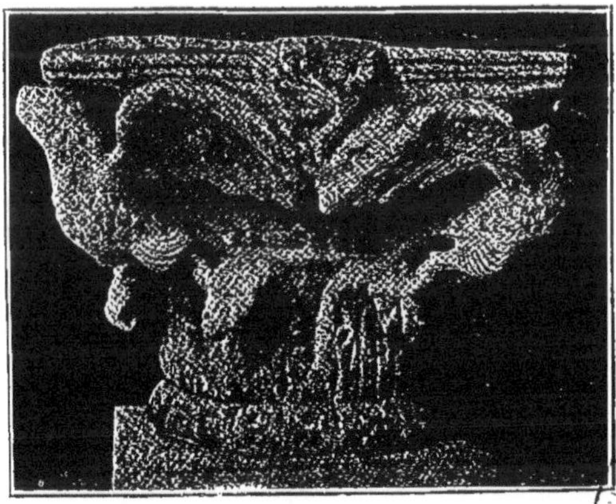

Fig. 2. — Musée Impérial Ottoman. Chapiteau aux aigles.

Fig. 3. — Musée Impérial Ottoman. Chapiteau aux chérubins.

repliées se montrent souvent sur les chapiteaux de l'époque théodosienne. L'exemple classique, déjà signalé [1], se voit à Constantinople aux Propylées de la Porte d'Or; sur les chapiteaux au trépan qui supportent l'archivolte, des aigles très stylisés remplacent les volutes et la rosette. De même la colonne triomphale de Marcien (450-456), dont la base est dégagée depuis un incendie récent [2], est surmontée d'un chapiteau d'ordre composite dans lequel les volutes étaient remplacées par des aigles aux ailes éployées et les marguerites par des têtes plates de style très barbare; des aigles à moitié brisés ornaient aussi la base. Les mêmes spécimens de chapiteaux se rencontrent au Musée Impérial Ottoman [3], au Musée de Brousse (trouvé à Nicée) [4] et à la façade de Saint-Marc de Venise [5]. L'exemplaire du Musée Ottoman nous permet de saisir tout ce que cette alliance entre le procédé du trépan et le modelage avait de paradoxal (pl. II, fig. 2). Les oiseaux aux ailes étendues, dont les têtes sont cassées, ont un aspect flasque et informe; les plumes du corps sont indiquées par de grosses imbrications, celles des cuisses par des stries parallèles; celles des ailes sont séparées par des lignes de trous au trépan. On sent bien que le motif de l'animal en modelé n'est plus qu'une survivance traditionnelle.

Un autre chapiteau du même musée donne cette impression d'une manière encore plus nette : bien que travaillé au trépan, il n'est plus de type théodosien [6]. Il est surmonté d'un tailloir carré. Il a été déjà reproduit par Pulgher qui l'attribue à la mosquée d'Atik-Mustapha-Pacha [7]. La gravure de Pulgher en donne d'ailleurs une idée tout à fait inexacte, mais elle offre cet intérêt de nous le montrer complet. Aujourd'hui il a perdu son astragale orné d'un

[1] STRZYGOWSKI, *I. D. A. I.*, 1893, p. 27.

[2] EBERSOLT, *Revue archéologique*, 4e s., XIV, 1909, p. 1.

[3] M. I. O., n° 943, Autres exemples à Saint-Démétrius de Salonique.

[4] MENDEL, n° 123.

[5] Portail central de la façade principale : deux exemples d'aigles aux ailes éployées. — Premier portail nord, au premier étage : quatre exemples. — Premier portail sud : trois spécimens d'oiseaux aux ailes repliées. — Façade nord, rez-de-chaussée, quatrième chapiteau en partant de l'est (ailes repliées) et sixième chapiteau (ailes éployées). Façade sud, rez-de-chaussée : dix-septième chapiteau en partant de l'est (ailes repliées).

[6] M. I. O., n° 482.

[7] PULGHER, *Les anciennes églises byzantines de Constantinople*, Vienne, 1878-1880. Voir la reproduction du dessin de PULGHER, DIEHL, *M. A. B.*, p. 431.

grénetis, ainsi que les cabochons à jour qui ornaient ses faces, et dont on voit encore la naissance au milieu des grossiers rinceaux à feuilles dentelées qui les entouraient. Aux angles sont appliquées des figures de chérubins; deux de leurs ailes, repliées autour du corps, les enveloppent comme un vêtement, tandis que les deux autres voltigent au-dessus de leur tête. Les figures imberbes sont encadrées de longs cheveux bouclés que couvre une sorte de tiare. Les détails des ailes et des cheveux sont indiqués par des sillons creusés au trépan. Le relief est très faible et les têtes sont trop grosses pour ce corps trapu. Sur une tranche du tailloir se lit un fragment de l'inscription qui reproduisait le Trisagion : + ΑΓΙΟC +. Voilà donc un spécimen de chapiteau à sujet iconographique. Ce monument ne peut être antérieur à la diffusion des écrits du pseudo-Denys l'Aréopagite sur la hiérarchie céleste. Il est donc postérieur au VIe siècle et sa forme cubique, ainsi que la faiblesse de sa sculpture, autorisent à descendre beaucoup plus bas. Il offre une certaine parenté avec des ivoires de la période iconoclaste tel que celui d'Irène, du Bargello et celui de Léon VI, au Musée de Berlin [1]. D'autre part c'est au IXe siècle que l'on place la date de la construction d'Atik-Mustapha-Pacha [2]; elle concorde bien avec celle que l'on peut assigner à ce chapiteau (pl. II, fig. 3).

Une technique d'un autre genre, usitée surtout dans l'art byzantin du VIe siècle, s'est accommodée aussi des motifs animés. Certains chapiteaux ont la forme du « canistrum », corbeille d'osier ronde et plate aux nattes découpées à jour; sur les bords sont perchés les animaux qui soutiennent le tailloir de forme corinthienne; un coussin en forme de câble ou de couronne de feuillage, posé sous la corbeille, fait l'office d'astragale. Un chapiteau de ce genre, orné de quatre oiseaux aux ailes rabattues, surmonte deux colonnes de porphyre, à l'entrée sud-est de Sainte-Sophie de Constantinople [3]; placés au milieu de chapiteaux disparates, ils proviennent peut-être d'un autre monument, mais l'exécution de la corbeille d'entrelacs, le coussinet en forme de câble et le tailloir corinthien ne permettent pas de les faire descendre plus bas que le VIe siècle. C'est à la même époque qu'appartiennent les spécimens de Saint-Marc de Venise. Trois de ces chapiteaux, au rez-de-chaussée du premier

[1] Diehl, *M.A.B.*, p. 616.
[2] Diehl, *M.A.B.*, p. 433.
[3] Salzenberg, pl. XX, 1.

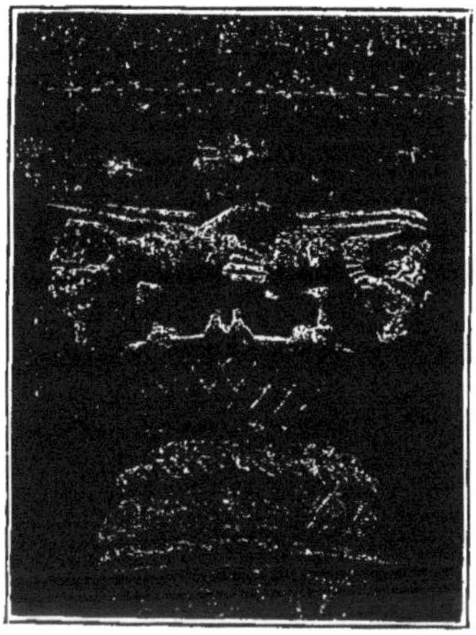

Fig. 1. — Venise, Saint-Marc, Portail nord. Chapiteau à canistrum.

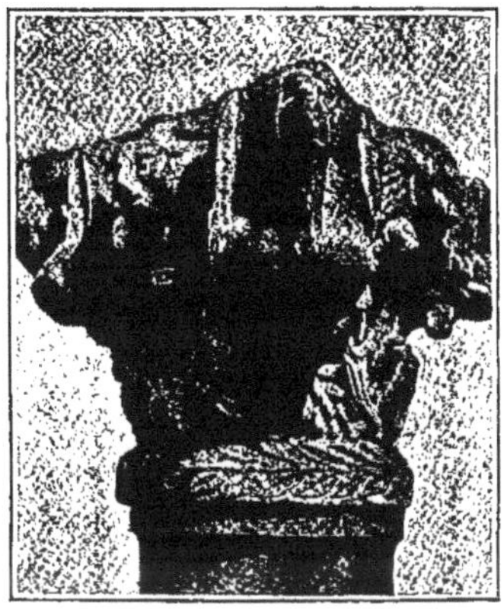

Fig. 2. — Ravenne. Musée national. Chapiteau aux griffons.

Fig. 3. — Ravenne. Musée national. Chapiteau à la Madone.

Fig. 4. — Sceau d'un patriarche de Constantinople.

portail nord de la place Saint-Marc, sont ornés aux angles de bustes de béliers, tandis que, sur les faces, des oiseaux perchés de profil alternent avec des rinceaux d'acanthe (pl. III, fig. 1). Sur l'un d'eux une large couronne de feuilles d'acanthe est substituée au « canistrum ». Une couronne semblable, faite d'un cep de vigne sculpté à jour, entoure un chapiteau de la colonnade située au premier étage, au retour d'angle nord du portail central. Quatre aigles aux ailes éployées sont perchés sur le câble qui borde le canistrum; sur les faces sont figurés des paons faisant la roue. La corbeille de jonc avec les oiseaux aux ailes étendues reparaît sur les six colonnettes de la porte intérieure de la galerie nord qui donne accès au transept, mais leur tailloir carré indique peut-être une époque plus tardive. Enfin au premier étage de la façade méridionale, quatre chapiteaux sont ornés d'oiseaux aux ailes repliées tandis que les rosettes sont remplacées par des croix d'entrelacs inscrites dans des couronnes de laurier ou par le monogramme  *βα(σιλ)έω(ς)*, répété trois fois. On remarquera, sans en tirer toutefois une conclusion certaine, que ce monogramme figure avec les mêmes éléments sur les chapiteaux de Sainte-Sophie de Constantinople qui portent le nom de Justinien [1]. Il n'est cependant pas téméraire d'affirmer que ces chapiteaux ont été sculptés au VIe siècle pour une église grecque. Exécutés à Constantinople en marbre de Proconnèse, ils ont été exportés dans toutes les parties du monde byzantin et on les a retrouvés en Égypte [2], en Afrique, dans les mosquées de Kairouan [3], en Italie dans la crypte de la cathédrale d'Otrante [4], à Rome dans la basilique de Saint-Clément [5] et à Parenzo en Istrie [6].

Une variété de ce type de chapiteaux est représentée à Ravenne par deux exemplaires : l'un (pl. III, fig. 2) se trouve au Musée National [7], l'autre à l'Archevêché. Tous deux proviennent de l'ancienne

(1) H. SWAINSON, *B.Z.*, IV, 1895, 107, n° 19.

(2) Dom CABROL, *Dictionnaire d'archéologie chrétienne*, II, 1, fig. 269 et 1850. Un des exemples venant de Baquit se trouve au Musée du Louvre.

(3) SALADIN, *Arch. miss. scientif.*, 3° s., XIII, 1897. — *B.A.C.T.H.*, 1901, p. 442.

(4) BERTAUX, *L'art byzantin dans l'Italie méridionale*, p. 75-76.

(5) DIEHL, *Justinien*, fig. 198.

(6) ERRARD et GAYET, *Parenzo*, pl. VI, 3.

(7) N° 420.

cathédrale ou basilica Ursiana construite en 385. Ils se composent d'un astragale en forme de couronne de laurier très plate, d'une large bande de cep de vigne chargé de grappes, entremêlé de cornes d'abondance et découpé à jour, enfin d'un couronnement de galbe corinthien, dans lequel les volutes sont remplacées par quatre griffons ailés et les marguerites par des bustes de lions à longue crinière et de félins. Un chapiteau identique existe à la basilique de Parenzo en Istrie [1]. La guirlande de vignes, devenue banale dans l'ornementation au début du moyen âge, est venue d'Orient et plus spécialement de Perse [2]. D'autre part cette faune fantastique, que l'on retrouve dans l'art roman, ne figure pas sur les chapiteaux de ce type dont l'origine byzantine est incontestable : c'est donc probablement à l'art hellénistique de Syrie ou d'Antioche qu'il faut rattacher les chapiteaux aux griffons. Ceux de Ravenne proviennent d'un monument construit à la fin du IVe siècle; ils représenteraient donc le spécimen le plus ancien de ce type de chapiteau. La corbeille de vigne, dont nous avons signalé un exemplaire à Venise, serait la forme primitive de ce chapiteau que les sculpteurs byzantins auraient remplacée au VIe siècle par la corbeille de joncs tressés. Nous voyons par cet exemple que des formes orientales importées à Byzance y étaient parfois l'objet d'une véritable élaboration qui leur donnait un caractère d'originalité.

A côté des chapiteaux, dont les motifs animés remplacent les volutes d'angle, on peut relever quelques exemples, peu nombreux il est vrai, de chapiteaux où ces motifs n'apparaissent que sur les faces. Un chapiteau d'ante en marbre pentélique traité au trépan a été signalé par M. Strzygowski sur la terrasse de l'Acropole, à Athènes : au milieu, un aigle, dont la tête est cassée, appuie ses pattes sur les feuilles d'acanthe [3]. Au Musée Impérial Ottoman, un petit cube de marbre blanc, sculpté sur ses quatre faces [4], semble avoir servi d'imposte : au milieu des faces absolument lisses sont représentées des figures nimbées de saints militaires, couverts du « paludamentum » et tenant d'une main une lance ou une épée tandis que de l'autre ils font un geste de bénédiction. Le dessin est mauvais et des têtes trop grosses surmontent des corps de nains,

(1) ERRARD et GAYET, *Parenzo*, pl. VI, 4.
(2) STRZYGOWSKI, *Mschatta*, p. 287.
(3) STRZYGOWSKI, *Athenische Mitteilungen*, XIV, 286.
(4) M.I.O., n° 15731.

comme on le voit sur certaines œuvres romanes. On peut rapprocher de cette œuvre curieuse un chapiteau de pilastre en granit gris d'Orient conservé au Musée National de Ravenne et provenant du clocher de l'église Sainte-Agathe. Il est surmonté d'un gros tailloir carré supporté par des volutes d'angle de style très rude. Sur sa face principale est une madone assise, dont la tête, entourée du nimbe, empiète sur le tailloir; elle tient sur ses genoux, en le retenant des deux mains, un enfant qui appuie sa main droite sur l'épaule maternelle, tandis que, d'un air mutin, il détourne la tête et agite ses petites jambes. Le mouvement plein de vie, la grâce de l'attitude, les formes correctes et bien proportionnées de ce corps enfantin, complètement nu, sont remarquables. La Vierge est vêtue d'une robe à larges manches qui lui laisse le cou libre et forme sur ses genoux des plis très larges et traités sommairement. Cependant, bien que la sculpture ait souffert beaucoup, on aperçoit encore autour de sa tête le voile caractéristique, avançant légèrement au milieu du front, qui distingue les madones byzantines. Le chapiteau, sculpté seulement sur deux faces, devait surmonter une colonne engagée à l'angle d'un pilier; de l'autre côté, entre les deux volutes, paraît un personnage nimbé, les mains derrière le dos, dont l'identification paraît impossible (pl. III, fig. 3).

Le fait de représenter une madone sur un chapiteau est déjà assez rare pour attirer l'attention. L'art byzantin n'en présente jusqu'ici aucun exemple et l'art roman lui-même connaît à peine ce motif. Sur un chapiteau provenant de l'abbaye de Savigny en Lyonnais[1], la Vierge est assise de profil et, comme à Ravenne, tient son enfant des deux mains; mais la scène est située sous une archivolte décorée d'arcatures, le fond est formé par une maison et des anges aux ailes éployées soutiennent le tailloir aux angles. Ce qui distingue le chapiteau de Ravenne de l'œuvre romane, c'est l'absence à peu près complète de l'ornementation, réduite aux volutes très sommairement sculptées, c'est aussi la largeur du style et la place prépondérante tenue par la figure sculptée qui couvre toute la corbeille et empiète même sur le tailloir. D'autre part le caractère enjoué et l'attitude gracieuse des personnages, l'absence de tout hiératisme, de toute inspiration théologique ne semblent

[1] Thiollier, *B.A.C.T.H.*, 1892, p. 405. — Cf. la Madone d'un chapiteau du Cloître de Tarragone qui fait partie d'une *Adoration des Mages*, Lampérez, I, 414, fig. 298.

guère conformes au canon byzantin; sur les mosaïques, les Vierges sont représentées le plus souvent assises de face sur le trône impérial et offrant à l'adoration des fidèles l'Enfant divin qui, drapé dans son himation, tient d'une main le rouleau de la loi et bénit gravement de l'autre [1]. Mais l'on commence à s'apercevoir depuis quelques années de la variété extraordinaire que présente l'art byzantin. A côté de la Vierge de majesté qui tient dans les églises la place que lui assigne le canon symbolique, il connaît des représentations plus humaines et plus gracieuses dont les madone gothiques et italiennes pourraient bien avoir subi l'influence. M. Perdrizet a signalé, sur une icone du mont Athos, la Vierge qui baise la main de l'Enfant [2]. Sur un sceau publié par M. Schlumberger et ayant appartenu à un patriarche de Constantinople, soit à Nicolas le Mystique (896-908), soit à Nicolas II Chrysoberge (982-995) [3], une Vierge en pied représentée de trois quarts tient sur le bras gauche un enfant qui tend vers elle ses bras et qu'elle regarde avec amour (pl. III, fig. 4). L'attitude est un peu différente de celle de la Madone de Ravenne, mais l'inspiration est bien la même. S'ensuit-il que notre chapiteau puisse être revendiqué pour l'art byzantin? Le granit oriental dans lequel il a été taillé interdit de songer à Constantinople. C'est pour une église d'Égypte ou de Syrie que ce morceau a été exécuté et son rôle architectonique de pilastre d'angle en est une nouvelle preuve. Le type de la « Mère de Dieu » tenant l'Enfant dans ses bras (Hodegetria) est familier à l'art copte [4] et en Syrie même un hypogée de Palmyre possède une peinture juive du IIIe siècle où une femme tenant un enfant ressemble d'une manière frappante à la Madone chrétienne [5]. Sans vouloir discuter l'origine de cette représentation iconographique, nous nous contenterons de faire remarquer toute la distance qui sépare la belle sculpture de Ravenne des stèles barbares ou des enluminures grossières trouvées en Égypte. L'inspiration antique a survécu et se manifeste dans la noble simplicité, dans le mélange

(1) Cf. la mosaïque de Daphni (MILLET, *Monastère de Daphni*, pl. XIII).

(2) *Revue de l'Art chrétien*, 1906, p. 291. — MILLET et PARGOIRE, *Inscript. chrétiennes du Mont Athos*, n° 94. — BAYET, *L'art byzantin*, p. 251-252.

(3) SCHLUMBERGER, *Revue des Études grecques*, IV, 1891, n° 34.

(4) STRZYGOWSKI, *Eine alexandrinische Weltchronik*, Vienne, 1905, p. 159-161, pl. VIII.

(5) STRZYGOWSKI, *Orient oder Rom*, p. 21.

de grâce et de majesté qui caractérisent cette œuvre. Un Oriental n'eût pas modelé ce corps d'enfant; il l'aurait caché sous des vêtements pompeux. Le chapiteau de Ravenne a donc été probablement exécuté en Égypte avec des matériaux égyptiens, mais il relève de l'art hellénistique et il se rattache ainsi indirectement à l'art byzantin. Il date probablement du ve siècle et il est peut-être un témoignage du mouvement qui suivit la proclamation de la maternité divine de Marie au concile d'Éphèse en 431. Il représente à la fois l'art antique à son déclin et l'art du moyen âge à sa naissance.

Le nombre des chapiteaux historiés serait sans doute plus considérable en Orient s'ils n'avaient eu à souffrir plus que les chapiteaux à ornement végétal de la rage iconoclaste des Musulmans et peut-être des Grecs eux-mêmes. Les deux chapiteaux de ce genre qui subsistent encore au-dessus des colonnes de marbre rose du narthex de Kahrié-Djami à Constantinople prouvent du moins que ce genre de décor était usité dans les églises grecques. Ce sont des chapiteaux-impostes au tailloir carré et à l'astragale lisse. Le tailloir est orné d'une large bande de palmettes d'acanthe. Sur les faces des enroulements d'acanthe alternent avec six bustes d'anges [1], dont quelques-uns tiennent le globe et le sceptre impérial. Les têtes entourées du nimbe sont mutilées; de larges trous percés autour de ces nimbes ou sur les écharpes qui se croisent sur leur poitrine ont dû contenir autrefois des cabochons. Parfois les écharpes sont interrompues sur la poitrine par une large étole décoré d'un bel entrelacs. Les deux ailes, dont le détail est indiqué par des stries, s'étendent régulièrement derrière les épaules. Ces chapiteaux sont posés maladroitement sur la colonne antique à astragale qui les supporte; ils reçoivent la retombée des voûtes par l'intermédiaire d'un coussinet plat surmonté d'un large tailloir. Le remploi de ces chapiteaux est donc certain et ils sont antérieurs à la restauration de ce premier narthex par Théodore Métochitès au xive siècle. Ils peuvent au contraire provenir de la reconstruction du monastère de Chora par Isaac Comnène, fils de l'empereur Alexis Ier; le costume des anges, analogue à celui des empereurs et le mélange des cabochons avec la sculpture caractérisent bien l'art du xiie siècle.

(1) Schmitt, *Kahrié-Djami*, Sofia, 1906, pl. LXXXV-LXXXVI (*Bull. Instit. Archéol. russe*, XI, 1906, Atlas).

C'est donc grâce à la persistance des chapiteaux à motifs animés que le modelage s'est maintenu jusqu'à un certain point dans la sculpture byzantine. Or, nous l'avons vu, l'emploi de ces motifs pour remplacer les volutes d'angle ou décorer les faces d'un chapiteau est une création de l'art hellénistique : c'est bien de cet art et non de l'art oriental que les chapitaux byzantins à représentations animées sont tributaires. Est-il possible d'en dire autant des chapiteaux historiés qui jouent un si grand rôle en Occident à l'époque romane et quels rapport ont-ils avec ceux des églises byzantines?

Ces chapiteaux ou demi-chapiteaux peuvent se diviser en deux classes : les uns ont conservé le galbe du chapiteau corinthien; sous le tailloir carré qui surmonte tous les chapiteaux romans, ils gardent un faux tailloir corinthien cintré à chaque face et des têtes, des animaux ou des personnages émergeant des touffes d'acanthe, remplacent les volutes et les marguerites. Les autres au contraire sont de simples chapiteaux cubiques et sont couverts, comme un fragment de frise d'une succession ininterrompue de personnages ou de scènes qui se détachent parfois sur un fond pittoresque de paysages ou de maisons. Malgré une infinie variété de combinaisons, on peut ramener tous les chapiteaux historiés de l'époque romane à ces deux types. Voici par exemple un demi-chapiteau de l'école auvergnate qui semble au premier abord faire exception à cette règle[1] (pl. IV, fig. 1) : sous un tailloir carré trois aigles sont pour ainsi dire cloués sur chaque face, les ailes également étendues, les pattes posées sur le rebord d'une feuille d'acanthe. Mais, si l'on y regarde bien, on retrouve le tailloir cintré du chapiteau corinthien interrompu par la tête de l'oiseau en guise de marguerite; les volutes sont indiquées aux angles par le relèvement des deux ailes adossées sous lesquelles deux larges feuilles frisées et recourbées reproduisent les caulicoles du chapiteau classique. Dans une petite église du Puy-de-Dôme aux sculptures très archaïques, à Glaine-Montaigut[2], je relève sur deux piliers voisins deux autres variantes du même type. Sur l'un des demi-chapiteaux, un entrelacs remplace la marguerite et les tiges qu'il projette aboutissent aux angles à des têtes décoratives, dont deux oiseaux, placés tête contre tête,

(1) Clermont-Ferrand, église Notre-Dame-du-Port, pilier du chœur.

(2) Canton de Billom.

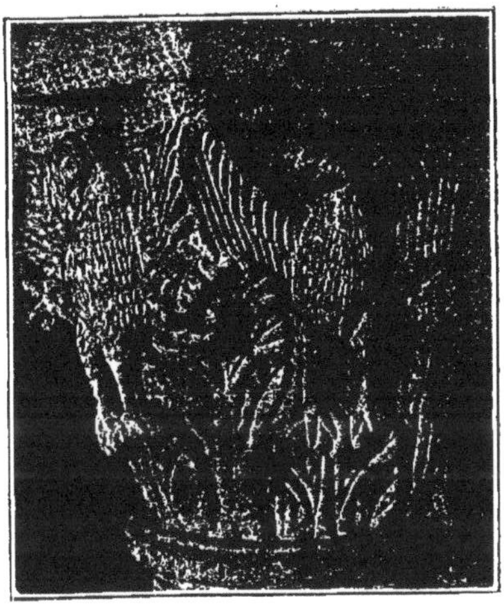

Fig. 1. — Clermont. Notre-Dame-du-Port. Chapiteau aux aigles.

Fig. 2. — Glaine-Montaigut (Puy-de-Dôme). Chapiteaux.

viennent becqueter le menton. Sur l'autre les volutes d'angle sont remplacées par ces êtres fantastiques, si fréquents dans la sculpture romane, dont les jambes, relevées de chaque côté, se changent en une tige qui vient former sur chaque face un réseau compliqué (pl. IV, fig. 2). De même toutes les écoles provinciales de l'art roman connaissent la sirène dont les nageoires relevées, qu'elle tient dans ses mains, forment les volutes.

Ces deux types de chapiteaux appartiennent également à l'art hellénistique. Le premier est évidemment une survivance ou une résurrection du chapiteau corinthien à figures; le second n'est qu'une adaptation au chapiteau cubique du bas-relief pittoresque de l'époque romaine. Le problème consiste à chercher comment ces deux survivances se sont introduites dans l'art roman. Il ne paraît pas probable que l'art byzantin ait servi d'intermédiaire. Nous venons de voir que le bas-relief historique n'a pas persisté dans l'art byzantin; quant au chapiteau corinthien à figures, il est rare qu'il reproduise dans les églises romanes les sujets en honneur dans les églises byzantines. C'est tout au plus si l'on peut citer quelques exemples en Italie, c'est-à-dire dans le pays qui subit le plus profondément l'influence byzantine. Nous avons remarqué par exemple à Saint-Zénon de Vérone, au premier chapiteau situé à droite de l'entrée, un triple rang de feuilles d'acanthe traitées au trépan avec des têtes de bélier aux angles. L'imitation est visible, mais c'est un cas exceptionnel et il y a loin de la monotonie des motifs byzantins qui se répètent sans cesse à la variété exubérante des combinaisons occidentales. La persistance de ce même motif dans l'art byzantin et l'art occidental est donc due à un développement parallèle, dont l'origine commune est l'art hellénistique qui s'est répandu dans toute l'Europe sous l'empire romain et a produit l'école gallo-romaine. C'est au bas-relief pittoresque, c'est au chapiteau corinthien à figures, dont tant de spécimens subsistaient en Gaule, qu'est due l'évolution du chapiteau historié des églises romanes. Après avoir d'abord remployé ces morceaux dans leurs basiliques, les maîtres occidentaux ont eu ensuite l'ambition de les imiter. Si l'influence orientale est intervenue, c'est pour fournir un certain nombre de thèmes décoratifs : les formes et les procédés sont au contraire un legs de l'art antique.

Avant de continuer cette analyse des monuments de sculpture byzantine, il n'est pas inutile d'envisager les premiers résultats que nous croyons avoir obtenus et que l'on peut résumer ainsi :

1° La statuaire et le bas-relief historique se sont perpétués dans l'art byzantin, mais ont été délaissés à l'époque de la querelle des images;

2° C'est dans le groupe des chapiteaux à représentation animée que l'on peut constater la survivance du modelage, lié d'ailleurs d'une manière paradoxale aux nouvelles techniques en honneur. Les spécimens les plus nombreux sont du VIe siècle, mais les chapiteaux de Kahrié-Djami prouvent que ce motif a survécu à la querelle des images;

3° Ces chapiteaux représentent dans l'art byzantin la part de la tradition hellénistique;

4° L'art occidental de l'époque romane connaît aussi ce genre de sculptures; il ne les doit pas à l'imitation byzantine, mais il a puisé à la même source que l'art byzantin. Un développement parallèle et indépendant a maintenu en Occident comme en Orient les formes de l'art hellénistique;

5° Dans l'art roman ce genre de chapiteaux a fini par tenir une place prépondérante; dans l'art byzantin au contraire son emploi a toujours été restreint par suite du développement de plus en plus considérable pris par les nouvelles techniques qu'il nous faut maintenant étudier.

II. SCULPTURE AU TRÉPAN.

A côté du ciseau, qui est par excellence l'instrument nécessaire au modelage, les sculpteurs emploient souvent une tige pointue analogue à celle qui est usitée en chirurgie et qui porte le même nom : c'est le trépan, destiné à percer des trous ou à creuser des sillons dans la pierre. Sur une dalle funéraire d'époque chrétienne du musée d'Urbin, on voit le sculpteur de sarcophages, Epitropos, employer à la fois deux de ces instruments qui sont enroulés autour d'une corde [1]. Beaucoup d'œuvres de la fin de l'antiquité révèlent

(1) Cabrol, *Manuel d'archéol. chrét.*, II, p. 283-284.

Fig. 1. — Musée du Puy (Haute-Loire). Frise gallo-romaine sculptée au trépan.

Fig. 2. — Venise. Portail principal de Saint-Marc.

Fig. 3. — Musée de Ravenne. Chapiteau de la basilique d'Hercule.

l'emploi simultané du trépan et du ciseau; c'est ainsi que sur certains sarcophages chrétiens du IVe siècle, il sert à traiter les chevelures ou certains détails du costume [1]. Sur d'autres sculptures, au contraire, l'usage du trépan est devenu un véritable système destiné à créer un style nouveau. Tel est le caractère des fameux sarcophages dits d'Asie Mineure, dont le fragment de Psamatia représente un des derniers spécimens [2]. C'est entre le IIe et le IVe siècle de l'ère chrétienne que furent exécutés ces monuments, dans lesquels des statues hellénistiques, admirablement modelées et copiées sur d'excellents modèles, se détachent sur un fond d'architecture dont tous les détails ont été creusés profondément à l'aide du trépan. L'effet est celui d'une tapisserie dont les motifs clairs s'enlèvent sur le fond obscur obtenu à l'aide des ombres. La sculpture arrive ainsi à donner la même impression que les arts de la couleur et nous voyons de suite quelle distance sépare cette nouvelle technique des procédés helléniques. Elle peut être considérée comme la première forme de l'invasion orientale dans la sculpture européenne et l'on est d'accord aujourd'hui à placer en Asie Mineure son premier centre d'élaboration. Elle se répandit d'ailleurs très rapidement et, si l'on étudiait la sculpture gallo-romaine à ce point de vue, on y trouverait de nombreuses traces de sculpture au trépan. Voici par exemple une corniche en pierre qui peut dater du IIIe ou du IVe siècle et qui provient des monuments gallo-romains du Puy [3]; elle est traitée de la même manière que les frises des sarcophages d'Asie Mineure (pl. V, fig. 1). Des morceaux d'entablement d'un édifice de Lillebonne [4] nous montrent l'emploi du même procédé, et il serait facile d'allonger cette liste [5].

En Orient les exemples abondent dès la fin de l'antiquité. Qu'il nous suffise de citer un fragment de corniche du temple de Dioclétien à Palmyre [6], un morceau semblable en marbre blanc conservé dans la cour de Tchilini-Kiosk et surtout le linteau de porte, orné d'une croix, d'Aladja-Kilisse (Asie Mineure), où le procédé est

(1) L. Bréhier, *Études archéologiques*, Clermont, 1910, p. 20-21.
(2) Voir la bibliographie dans Diehl, *M.A.B.*, p. 99.
(3) Le Puy (Haute-Loire), Musée Crozatier.
(4) Cf. *B.A.C.T.H.*, 1903, pl. XIII (entablement d'Arles).
(5) Rouen, Musée départemental de la Seine-Inférieure.
(6) Strzygowski, *Mschatta*, p. 276.

employé exclusivement [1]. C'est donc bien à l'influence de l'art oriental que l'art byzantin doit sa sculpture au trépan, dont l'âge d'or peut être placé au ve siècle. Les chapiteaux dits « théodosiens », dont l'étude a été déjà trop bien faite pour que nous nous y attardions [2], et les entablements qu'ils supportent, montrent la diffusion de ce procédé dans tout l'empire. A Constantinople les exemples les plus connus sont les chapiteaux des Propylées de la Porte d'Or et la façade de Saint-Jean de Stoudion (Mirachor-Djami), qui date du ve siècle et révèle l'emploi du trépan à la fois sur les chapiteaux et l'entablement, où se voit aussi un tore sculpté à jour [3]. Sans parler des exemples déjà cités où l'ornement au trépan se combine avec le décor animé, on trouve en abondance le chapiteau composite de l'âge de Théodose au musée de Brousse [4], en Égypte au sanctuaire de Saint-Ménas [5], à la basilique de Parenzo [6], dans le narthex de Saint-Vital de Ravenne, dans la même ville à la vieille basilique arienne élevée par Théodoric, (aujourd'hui Spiritu Santo), à Torcello sur plusieurs colonnes de la basilique. Enfin à la façade et à l'intérieur de Saint-Marc de Venise les exemples ne se comptent pas; c'est peut-être là qu'on peut voir actuellement le plus grand nombre de chapiteaux théodosiens. On remarquera que tous les éléments de ce décor, feuilles d'acanthe, oves, palmettes, perles, denticules, appartiennent à l'art antique mais sont interprétés d'une manière conforme au goût oriental; ils ne se profilent plus dans l'espace mais forment comme les motifs d'une tenture en se détachant sur un fond obscur.

Cette sculpture au trépan fut bientôt tellement en faveur qu'on l'appliqua à contresens et qu'on n'hésita pas à lui faire produire les effets les plus baroques. Après avoir modelé à l'aide du ciseau de larges feuilles grasses et informes qui semblent gonflées par le vent, on les reprit au trépan pour les couvrir d'un pointillé minutieux afin d'imiter les nervures. Ces sculptures pré-

(1) Rott, *Kleinasiatische Denkmaeler*, Leipzig, 1908, fig. 120.

(2) Laurent, *Delphes chrétien* (*B.C.H.*, XXIII, 206-279).

(3) Ebersolt, *Topographie et monuments de Constantinople* (*Rev. archéolog.*, 4e s., XIV, 6-10).

(4) Mendel, *Catal. du Musée de Brousse*, n° 120.

(5) Errard et Gayet, *Parenzo*, pl. VI, 2.

(6) Kaufmann, *Der Menastempel*, p. 32.

sentent donc un contraste choquant entre la largeur avec laquelle sont traitées les feuilles et la complication des détails qui couvre leur surface. On a obtenu ainsi une œuvre hétéroclite qui n'a plus rien d'antique et n'est pas conforme cependant aux principes du décor oriental. On a cherché d'ailleurs à obtenir des effets variés. Un chapiteau du Musée impérial de Constantinople montre les deux rangées de feuilles courbées en sens contraire l'une de l'autre et l'on retrouve la même disposition sur un chapiteau de l'église Haghia Paraskevi à Chalcis [1]. Au rez-de-chaussée du grand portail de la façade principale de Saint-Marc de Venise, dix colonnes sont surmontées de chapiteaux de ce genre, dont les larges feuilles sont inclinées fortement à gauche (pl. V, fig. 2); les volutes y sont réduites à leur plus simple expression et les marguerites remplacées par des feuilles d'acanthe dentelées et repliées sur elles-mêmes. Des exemples analogues se trouvent à l'angle sud-est au premier étage, au rez-de-chaussée du premier portail nord de la façade principale et, à l'intérieur, dans l'abside principale du même monument. Le type est un peu différent à Ravenne, sur les 24 chapiteaux des nefs de Saint-Apollinaire in Classe, et sur les chapiteaux provenant de la basilique d'Hercule, construite sous Théodoric, et conservés au Musée National ou remployés pour soutenir les arcades de la place Victor-Emmanuel. Un autre exemple du Musée National faisait partie de la basilique del Godo, située à 7 kilomètres de Ravenne. Tous ces chapiteaux présentent entre leurs volutes d'angle les oves de l'ordre composite : leurs feuilles d'acanthe, au lieu d'être inclinées, sont au contraire largement étalées et forment deux rinceaux symétriques de chaque côté d'une nervure centrale indiquée par un pointillé au trépan (pl. V, fig. 3). Sur les chapiteaux de la place Victor-Emmanuel et du musée, le rang d'oves est interrompu par une couronne de laurier dans laquelle se détache le monogramme de Théodoric. Les feuilles agitées par le vent se montrent aussi sur un parapet du Musée archiépiscopal de Ravenne, orné des symboles des Évangélistes.

Des motifs analogues ont été signalés à Salonique [2] et dans plusieurs églises de Syrie [3]. Un chapiteau du même type avec un

[1] Strzygowski, *Athenische Mitteil.*, 1889, p. 290.
[2] Cabrol, *Dictionn. d'archéol. chrétienne*, II, 1, fig. 1804.
[3] De Vogüé, *Syrie centrale*, pl. 77 et 146.

tailloir carré se voit dans une médressé d'Alep [1] : les feuilles y ont l'aspect de longues palmes dont les deux rangées sont inclinées en sens contraire. Ce genre de chapiteaux a donc été en faveur dans l'empire byzantin et en Orient vers la fin du ve siècle; par son mélange de rudesse et de mièvrerie il donne bien l'impression d'une œuvre barbare : aussi ne faut-il pas s'étonner de le voir disparaître en même temps que le chapiteau théodosien, au moment même où, avec l'avènement de Justinien, la sculpture byzantine emprunte à l'Orient des motifs plus somptueux.

De la disparition de ces chapiteaux il ne s'ensuit pas d'ailleurs que la sculpture byzantine ne connaisse plus les ornements au trépan. Une aigle de marbre aux ailes éployées encastrée à l'intérieur, au-dessus de la porte d'Yédi-Koule à Constantinople, a les plumes des ailes indiquées par des stries parallèles, celles des cuisses et du corps par une série de petits trous accompagnés de virgules. S'il est difficile de fixer l'époque de ce morceau, il n'en est pas de même de la curieuse imposte de la Métropole de Mistra, construite en 1312, publiée par M. Millet [2]. Elle est ornée de longues tiges d'acanthe séparées par des trous et la rangée horizontale d'oves placée au-dessous est traitée de la même manière.

Enfin les sculpteurs de l'époque romane ont connu le trépan et l'ont employé parfois systématiquement. Un des chapiteaux de la chaire de la cathédrale de Salerne, donnée par l'archevêque Romuald en 1175, présente sur sa corbeille la disposition des feuilles agitées par le vent [3]. Sur beaucoup d'autres chapiteaux des xie et xiie siècles, les dentelures très pointues des feuilles d'acanthe sont indiquées de la même manière que sur les chapiteaux théodosiens. Au chevet de la petite église de Chamalières (Puy-de-Dôme), les chapiteaux des demi-colonnes qui épaulent les absidioles ont gardé sous le tailloir carré la forme cintrée de l'ordre corinthien. Trois de ces chapiteaux sont garnis de deux rangs de feuilles d'acanthe dont les lobes sont séparés par des trous au trépan très profonds, ce qui leur donne un aspect de dentelle empesée. Il est intéressant de retrouver ce chapiteau d'aspect godronné dans un pays très éloigné de l'Auvergne, et à une époque

(1) STRZYGOWSKI, *Amida*, 1910, p. 199, fig. 117.

(2) *Monuments byzantins de Mistra*, Paris, 1910, pl. LIII, 1

(3) BERTAUX, *Art dans l'Italie méridionale*, pl. XXIII.

très tardive, à la cathédrale de Matera (Apulie), au XIIIe siècle[1]. Ces exemples pourraient être multipliés. L'Italie méridionale en fournit beaucoup et on en trouverait d'analogues dans nos églises françaises. On peut dire que c'est d'abord sous cette forme que le chapiteau corinthien a reparu dans les églises romanes : c'est seulement plus tard, dans la dernière moitié du XIIe siècle, que les sculpteurs ont commencé à imiter des types plus classiques. Le trépan a été employé pour creuser les sillons qui forment le seul décor de certains chapiteaux de l'école normande, tels que les chapiteaux à godrons[2]. Sur le corps des monstres étranges qui ornent les tympans entre les arcades de la cathédrale de Bayeux, des rangées de lignes pointillées tiennent lieu de modelé[3]. Le trépan a donc été d'un usage courant dans la sculpture romane, mais là encore les modèles gallo-romains de basse époque que nous avons signalés peuvent servir à expliquer cet emploi, sans qu'il soit nécessaire de faire appel à une influence directe de l'art byzantin. Il est difficile d'admettre cependant que le chapiteau théodosien, répandu en Italie et sans doute en Gaule, n'ait pas servi de modèle à des œuvres telles que les chapiteaux de Saint-Rémy de Reims ou ceux des pilastres de la cathédrale de Langres[4]. En réalité la technique orientale du trépan s'est répandue dans tout l'empire romain pendant les premiers siècles de l'ère chrétienne. Après avoir été en grande faveur dans l'art byzantin au Ve siècle elle fut peu à peu délaissée; en Occident, au contraire, elle se perpétua jusqu'au XIIe siècle et parut un procédé facile aux tailleurs de pierre de l'âge roman. Là non plus d'ailleurs son avenir ne pouvait être illimité. La sculpture au trépan n'est en effet qu'un procédé assez barbare, destiné à l'origine à faire produire à l'ornement hellénique des effets analogues à ceux de l'art oriental. Elle convenait aux âges de transition : aussi on la voit disparaître de l'art byzantin au moment même où des techniques d'un caractère plus décoratif sont importées d'Orient; en Occident après le XIIe siècle elle ne survit pas à la renaissance de la statuaire et du modelage.

[1] BERTAUX, *Ibid.*, p. 647, fig. 317 (cf. p. 365, fig. 153).

[2] Par exemple à Gournay (Seine-Inférieure). J. BAUM, *L'architecture romane en France*, Paris, 1911, p. 209.

[3] J. BAUM, *Ibid.*, p. 210.

[4] VITRY, pl. III, 1, 7. J. BAUM, p. 211.

III. SCULPTURE-BRODERIE.

On peut désigner sous le nom de sculpture-broderie un procédé qui consiste à donner à la pierre l'aspect que présente une étoffe brochée ou ornée de galons soutachés qui s'enlèvent sur un fond, quelquefois décoré lui-même. Le marbre et la pierre sont traités non plus comme des matériaux rigides, mais comme une sorte de canevas sur lequel sont appliqués, soit de véritables points de broderie, soit des rubans reliés entre eux par des nœuds et des entrelacs compliqués. Il est d'ailleurs important de distinguer les œuvres qui s'inspirent des étoffes, mais traduisent leurs motifs par les procédés propres à la sculpture et celles qui au contraire copient à la fois les sujets et les procédés même des tissus.

Il est incontestable que c'est à l'Orient que l'on doit cette technique, aussi opposée qu'il est possible à l'esprit de la sculpture antique. La Perse et la Mésopotamie ont été depuis la fin de l'antiquité les grands centres de fabrication des étoffes de soie brochées qui furent exportées dans toute l'Europe et servirent soit à l'ornementation des palais et des églises, soit à envelopper les reliques et les corps des saints : c'est à cette dernière circonstance que l'on doit la conservation d'un assez grand nombre de spécimens de cette industrie. D'autre part c'est à des artistes orientaux qu'est venue l'idée de chercher dans ces œuvres une source d'inspiration pour la sculpture. A l'aurore même de la civilisation chaldéenne, vers 3000 avant J.-C., l'artiste qui sculptait sur une pierre l'aigle héraldique de Sirpourla garnissait le champ de sa sculpture avec la double tresse d'entrelacs. Ce motif, si répandu dans l'art assyrien, passa dans l'art antique et devint l'encadrement banal de la plupart des mosaïques romaines, mais ce fut seulement au début du moyen âge qu'il reparut dans la sculpture. On sait avec quelle précision les sculpteurs des bas-reliefs assyriens cherchaient à reproduire les broderies compliquées et les franges qui ornaient les costumes de leurs contemporains. De même les motifs de broderie tiennent la plus grande place dans l'ornementation sculptée des édifices mésopotamiens ou syriens du IVe au VIe siècle. Les sculpteurs orientaux eurent même des hardiesses qui restèrent inconnues à l'art byzantin. Les fenêtres de la façade ouest de Bakirha (Syrie centrale) sont encadrées par une moulure dont les lignes courbes dessinent de véritables festons [1]; on n'en trouve pas d'exemple dans la sculpture byzantine. Par contre on a déjà signalé la ressemblance entre les motifs exubérants de la façade du palais de Mschatta et l'ornement byzantin [2]. C'est donc bien à l'Orient que la sculpture byzantine doit cette technique.

La loi qui régit la décoration de la sculpture-broderie est la même que celle de l'ornementation des tissus. Les motifs y sont disposés avec symétrie et limités par un encadrement; presque toujours un motif central est accosté régulièrement de motifs secondaires. Les oiseaux aux ailes régulièrement étendues, les animaux affrontés ou adossés, les combinaisons de figures géométriques, le losange inscrit dans un rectangle sont le triomphe de ce décor qui peut être réduit à une épure. Il est en un mot la négation de l'art naturaliste.

Une première catégorie de monuments peut être considérée comme la copie directe des étoffes avec tous les détails de leur technique. Il y a des rapports évidents, par exemple, entre l'aigle de marbre encastré dans le mur extérieur du monastère de Chiliandari (mont Athos) [3] et les aigles de l'étoffe de Brixen [4]; l'aigle représenté sur une des plaques de bronze damasquiné de la porte Saint-Paul-Hors-les-Murs à Rome appartient bien à la même famille [5]. Les trois oiseaux aux ailes éployées ont, suivant les procédés enfantins de l'art sassanide, les pattes reliées aux cuisses à la manière des jouets articulés; les plumes sont remplacées par des dessins de fantaisie, imbrications, zigzags, lignes de points, treillis, ornements plus faciles à obtenir avec l'aiguille qu'avec le ciseau.

Quatre chapiteaux du narthex de Saint-Marc de Venise sont ornés de motifs qui ont la même origine. Ils surmontent des colonnes qui accostent les portails latéraux, mais ils n'ont aucun rôle architectonique et ils sont placés là sans rien supporter, comme des trophées de victoire. Leur forme est celle d'un tronc de pyramide renversé et ils n'ont gardé aucune trace du galbe corinthien. Leur astragale est cerné d'une couronne de perles d'où émergent des feuilles d'acanthe au bord relevé et travaillé au trépan.

(1) Dom Cabrol, *Dict. Archéol. chrét.*, II, 1, p. 134.
(2) Strzygowski, *Mschatta.*
(3) Schlumberger, *Épopée byzantine*, III, p. 460.
(4) Schlumberger, *Ibid.*, III, p. 597.
(5) Schlumberger, *Ibid.*, III, p. 489.

Sur les faces de la corbeille, de chaque côté d'un candélabre à deux rangs de volutes, sculpté à jour, sont adossés deux oiseaux au bec crochu, les ailes repliées, les pattes perchées sur un globe et les queues entre-croisées à la base du candélabre. Aux angles du tailloir carré, quatre masques de lions d'un assez beau travail forment les volutes; au-dessous, une belle palmette à trois rangs de volutes, qui se termine par une pomme de pin, remplit l'intervalle. Le tailloir limité par une baguette de chapelet a le profil d'une doucine ornée de rinceaux symétriques percés au trépan et surmonté d'un listel, sur la tranche duquel se développe une tresse d'entrelacs (pl. VI). Le corps et les ailes des oiseaux sont rendus au moyen d'imbrications et de stries parallèles. L'influence de la broderie apparaît dans la bande ornée de petites volutes qui séparent sur l'aile les imbrications des stries parallèles. Il serait facile, en développant ces motifs sur une surface plane, de reconstituer le dessin de l'étoffe à laquelle ils ont été empruntés. Les oiseaux adossés au candélabre se détacheraient dans une série de médaillons que sépareraient les tiges à pommes de pin surmontées des têtes de lions. Il est probable d'ailleurs que le fond des chapiteaux sur lesquels se détachent ces motifs devait être revêtu de couleurs.

Ces curieuses sculptures paraissent si exceptionnelles dans l'art byzantin qu'on pourrait se demander si elles n'ont pas été arrachées à quelque église romane, mais un chapiteau du même modèle a été signalé au portique sud de l'église de Sainte-Sophie de Trébizonde [1]. On y retrouve les mêmes détails et jusqu'à la corniche de feuilles droites posées sous le tailloir : seules les têtes de lions font défaut. De plus la faiblesse du relief semble prouver que le chapiteau de Trébizonde n'est qu'une copie tardive et dégénérée des sculptures de Saint-Marc. Les deux monuments appartiennent donc à deux époques différentes que, dans l'état actuel de nos connaissances, il serait téméraire de fixer. Tout au plus est-il permis de penser que les quatre chapiteaux apportés à Saint-Marc de quelque basilique de Dalmatie ou d'Orient doivent, à cause du magnifique relief de leurs têtes de lions, être encore assez voisines de l'antiquité. De plus ils révèlent une entente parfaite de la technique du découpage à jour qui prit, comme nous allons le voir, une grande

[1] Strzygowski, *B.C.H.*, 1895, 520.

Venise. Narthex de Saint-Marc. Chapiteau aux oiseaux adossés.

extension au VIe siècle; c'est donc probablement à cette époque qu'il faut les placer.

C'est aussi à l'imitation de la technique des tissus que l'on doit les sculptures qui ornent un certain nombre de parapets ou de plaques de marbre. Il ne s'agit pas ici, nous le répétons, des œuvres qui se sont seulement inspiré des sujets représentés sur les étoffes et les ont pour ainsi dire transcrits par les moyens propres à la sculpture; nous n'envisageons au contraire que les bas-reliefs qui dénotent une imitation exacte de tous les détails techniques des tissus. A l'intérieur de Saint-Marc de Venise, par exemple, on voit, au pied de la chaire adossée au pilier sud du chœur, une magnifique dalle de marbre blanc (1 m. 50 × 1 mètre); au centre d'un cadre formé par une double tresse, un rinceau d'acanthe terminé par une pomme de pin est accosté de deux larges disques garnis chacun d'un paon faisant la roue et les pieds sur un globe : les imbrications qui représentent les plumes ressemblent à des points de broderie.

Le procédé est encore plus net sur les dalles sculptées encastrées dans les murs de la Petite Métropole à Athènes ou conservées dans la même ville à la salle byzantine du Theseion. Leur caractère franchement oriental a été déjà signalé [1]. A la façade sud de la petite église par exemple, une de ces plaques représente un tigre dévorant une gazelle : la scène est au milieu d'un double encadrement formé par une torsade et une tresse; sur le corps du carnassier les rayures ont été remplacées par une série de galons parallèles dont les masses s'entre-croisent dans tous les sens; le mouchetage de la gazelle est indiqué par des trous au trépan qui remplacent les points de broderie; le fond est orné de rinceaux d'acanthe qui remplissent tous les vides. Tout à côté figure le motif, si banal en Orient, de l'aigle enlevant un lièvre dans ses serres [2]; ici les imbrications des plumes sont rendues par un lacis de traits formant des compartiments de grosseurs différentes; des lignes droites séparent les ailes et le corps en plusieurs zones; on croirait voir les fils d'une étoffe brochée. Les mêmes procédés apparaissent à la façade ouest sur les plaques qui accostent le tympan du portail et qui représentent des sphinx affrontés autour de l'arbre de vie, des griffons de chaque côté d'une pomme de pin sortant d'un calice et, au-dessous, deux

[1] Michel et Struck, *Athen. Mitteil.*, 1906, p. 279-324. — Strzygowski, *Amida*, p. 365 et suiv.

[2] Van Berchem et Strzygowski, *Amida*.

oiseaux luttant contre des serpents. Le modelé de toutes ces sculptures est remplacé par des galons disposés parallèlement en lignes sinueuses ou par des points de broderie. Un grand nombre de sculptures de ce genre conservées au Theseion montrent avec quelle faveur ces motifs furent accueillis en Grèce et plus spécialement à Athènes. L'une de ces œuvres provenant de l'Acropole est particulièrement remarquable : elle représente deux lions affrontés, levant la tête de la manière la plus bizarre et cherchant à atteindre avec une patte la pomme de pin de l'arbre de vie, dont le tronc, interrompu par des rinceaux symétriques, est formé d'une tresse d'entrelacs ou de lignes parallèles, disposées comme les galons d'une broderie de la manière la plus variée (pl. VII, fig. 1). De même la crinière des deux animaux est faite de bandes de galons entrecroisés comme une tresse. Nous ne pouvons mieux faire que de rapprocher de ce monument la mosaïque mérovingienne de Thiers (Puy-de-Dôme)[1], sur laquelle la crinière du lion est rendue de la même manière que sur la sculpture athénienne (pl. VII, fig. 2). Il est évident que la ressemblance entre ces deux œuvres, si éloignées dans l'espace et probablement dans le temps, provient d'une source commune : le sculpteur et le mosaïste ont transcrit chacun à leur manière les détails techniques d'une étoffe sassanide.

L'encadrement même de la sculpture du Theseion offre le plus grand intérêt. Dans les angles au-dessus des deux têtes, deux belles rosettes épanouies et rendues aussi en broderie comblent le vide. Au-dessus règnent une bande étroite décorée de la ligne sinueuse accostée de feuilles d'acanthe et, plus haut, une large bande garnie d'une palmette qui donne naissance à des rinceaux symétriques. Enfin les montants sont couverts à droite et à gauche par une inscription en écriture coufique fleurie, malheureusement dégradée, mais dont les caractères bien reconnaissables peuvent être comparés à ceux qui ornent l'ancien minaret de la mosquée de Hakim au Caire, élevé en 1003[2]. Des inscriptions musulmanes ont été copiées souvent par les artistes chrétiens qui n'en comprenaient pas le sens et n'y voyaient que de jolis ornements. On connaît celles qui décorent le portail en bois de la cathédrale du Puy[3]. En

[1] L. Bréhier, *Les Mosaïques mérovingiennes de Thiers* (*Mélanges littéraires de la Faculté des Lettres de Clermont*, Clermont, 1911), pl. I.

[2] Strzygowski, *Amida*, p. 371.

[3] Thiollier, *L'Architecture dans le diocèse du Puy*. Paris, 1900.

Fig. 1. — Athènes, Theseion. Lions affrontés.

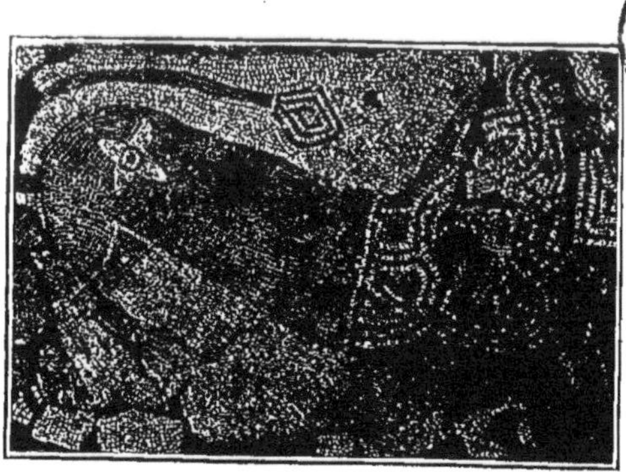

Fig. 2. — Mosaïque mérovingienne de Thiers (Puy-de-Dôme).

Fig. 1. — Athènes. Chevet de la Petite Métropole.

Fig. 2. — Athènes. Absidiole de l'église de Kapnikarea.

Fig. 1. — Venise, Saint-Marc. Panneau d'entrelacs.

Fig. 2. — Musée Impérial Ottoman. Devant de sarcophage orné de tresses.

Grèce M. Strzygowski a relevé des exemples semblables à Daphni, à Saint-Luc en Phocide sur le tombeau de l'empereur Romain II (959-963), et sur des fragments de sculpture de l'Acropole d'Athènes. Nous n'avons pas à nous occuper ici de la voie par laquelle le coufique fleuri, qui n'est guère représenté en Égypte avant le XIe siècle, mais dont il existe des spécimens à Amida dès 909 et à Taschkend dès 844, a pu pénétrer en Grèce au Xe siècle [1]. Ce qui est important pour nous, c'est la contribution que ce monument apporte à l'étude chronologique des sculptures d'Athènes. Il est d'abord infiniment probable que les inscriptions coufiques de la plaque du Theseion figuraient déjà sur l'étoffe musulmane qui a servi de modèle au sculpteur. Or l'inscription en coufique fleuri ne permet pas de faire remonter cette étoffe plus haut que le IXe siècle. C'est donc de la fin du IXe ou de la première moitié du Xe siècle que datent, non seulement la plaque aux lions, mais toutes les sculptures de la Petite Métropole qui lui sont apparentées et qui montrent, par leurs détails, une imitation directe de la technique des tissus. Les sculptures-broderies d'Athènes représentent le nouveau courant d'influence orientale qui vint modifier les caractères de l'art byzantin après la querelle des images.

Malgré la sobriété de l'ornement architectural dans les églises grecques du Xe siècle, on peut deviner à quelques détails que l'imitation des étoffes domine à cette époque toute la technique de la sculpture. La décoration du gracieux chevet de la Petite Métropole à Athènes en est un exemple frappant (pl. VIII, fig. 1) : au-dessus des baies géminées qui éclairent la petite abside à trois pans, se développe un champ rectangulaire encadré d'un double feston et divisé en trois zones horizontales. Celle du centre est ornée du monogramme du Christ dans un cercle accosté verticalement de quatre bandes de galons brodés; les deux autres compartiments sont couverts d'étoiles et d'imbrications disposées de manière à produire en même temps plusieurs combinaisons. C'est le modèle sans fin des tapis d'Orient et rien dans ces motifs ne rappelle plus l'art antique. C'est aussi à la broderie que les sculpteurs ont emprunté la palmette stylisée en forme de fougère enfermée dans une lyre qui orne le pilier séparatif des deux baies géminées à l'abside de l'église athénienne de Kapnikarea (pl. VIII, fig. 2) et qui figure aussi,

[1] Strzygowski, *Amida*, p. 375.

mais traitée par un autre procédé, sur les fûts des colonnettes octogonales de Daphni [1].

Une autre catégorie de sculptures emprunte surtout ses motifs à l'art, si développé en Orient, de la passementerie : ce sont le zigzag, le ruban d'entrelacs et la tresse.

Le zigzag paraît être dans l'art syro-mésopotamien un motif pour ainsi dire national [2]. Il est quelquefois simple et couvre le champ de la sculpture d'une série de lignes parallèles de bâtons brisés. Telle est sa disposition sur un chapiteau en marbre blanc et de forme cubique du Musée Impérial Ottoman [3]. Son astragale est orné de feuillages en virgules, la tranche du tailloir carré montre des feuilles de lierre aiguës, la corbeille est tapissée de zigzags parallèles, interrompus au centre d'une des faces par un cartouche sur lequel on lit un monogramme en partie effacé, 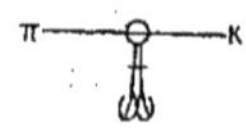

(ϖα(τρι)κ(ι)ῳ) (?). Le même chapiteau, sans monogramme et avec astragale en couronne de laurier ou en feuilles d'acanthe, est répété quatre fois au premier étage de la colonnade sud de Saint-Marc de Venise. Parfois, au contraire, plusieurs zigzags s'entre-croisent et forment comme un réseau derrière lequel apparaissent des feuilles d'acanthe. Ce type est représenté par un chapiteau provenant d'un édifice d'Edesse [4]. On le trouve aussi à Sainte-Sophie de Constantinople : dans les tribunes méridionales, à l'est, les fenêtres sont séparées par une frise ornée de feuilles d'acanthe au milieu d'un treillis de ce genre; les chapiteaux des pilastres qui supportent les deux étages ont la même décoration qu'on retrouve aussi en bas sur les chapiteaux remployés pour soutenir la tribune du sultan. La façade nord de Saint-Marc de Venise et l'atrium de Parenzo en Istrie fournissent aussi des exemples de ce type [5] qui paraît avoir été très usité dans l'art byzantin au VIe siècle.

Le ruban d'entrelacs, dont les nœuds compliqués arrivent à

[1] Millet, *Daphni*, p. 64.

[2] Des exemples datant de 2200 avant J.-C. ont été découverts sur le mur du palais de Warka (Basse-Euphrate). Pour le début du moyen âge, voir Strzygowski, *Mschatta*, p. 263, et les arcatures de l'acropole de Philadelphie dans Germer-Durand, *B.A.C.T.H.*, 1904, pl. II.

[3] M.I.O., n° 943.

[4] Strzygowski, *Mschatta*, p. 256, fig. 37.

[5] Errard et Gayet, *Parenzo*, pl. V.

relier ensemble plusieurs figures géométriques inscrites les unes dans les autres, fut l'ornement par excellence des parapets et il n'est pas de monument byzantin qui n'en fournisse des exemples. Le thème général, dont les détails ont été variés de mille manières, est celui du losange inscrit, soit dans un carré, soit dans un rectangle, mais le ruban unique qui forme les deux figures les relie l'une à l'autre au moyen de boucles qui remplissent les angles du carré et forment même souvent au milieu du losange, soit un cercle cantonné de boucles, soit une véritable croix d'entrelacs. Des rosettes, des demi-rosettes, des roues, des marguerites sont souvent cernées entre les boucles. Avec une grande virtuosité et un sens remarquable du décor, les sculpteurs font ainsi produire au marbre des effets auxquels il semblerait au premier abord réfractaire. On constate en outre que sur tous les spécimens de ces monuments le profil du ruban est presque toujours le même : il consiste en une large baguette assez plate séparée de chaque côté d'un listel par une scotie. Ce profil reproduit probablement l'aspect du galon de passementerie que les sculpteurs s'attachèrent à reproduire. Il en est de même d'un profil un peu différent consistant en deux tores séparés par une scotie[1], que M. Laurent a signalés sur des fragments de parapets trouvés à Delphes et qui se composent de cercles reliés entre eux par des boucles. Le même modèle reparaît dans les belles dalles sculptées à jour du musée et de la cathédrale de Ravenne : les cercles y alternent avec les quatrefeuilles.

Il s'en faut de beaucoup, d'ailleurs, que toutes ces dalles présentent la même richesse d'ornementation; il y a loin par exemple entre la simplicité relative de la dalle de Tchékirgué (Musée de Brousse)[2] et le décor exubérant du beau panneau de marbre encastré dans le mur méridional de Saint-Marc de Venise (pl. IX, fig. 1); ici une magnifique rosace est inscrite aux angles, des demi-marguerites remplissent les boucles et, dans deux compartiments étroits, deux rinceaux d'acanthe accostent le carré. De même sur certains parapets conservés au mont Athos, à Lavra, à Vatopédi, à Iviron,

(1) Laurent, *Delphes chrétien*, *B.C.H.*, XXIII, 262. — On trouve le même profil sur la dalle ornée d'une croix de cercles entrelacés qui forme le dossier de la chaire épiscopale au haut du synthronon de la basilique de Torcello. Elle paraît être une œuvre du VIe siècle remployée. Une croix analogue en terre cuite figure au Musée National de Ravenne.

(2) Mendel, *Musée de Brousse*, n° 108.

des motifs animés ou végétaux, un aigle enlevant un lièvre [1], des paons affrontés ou des griffons, etc., garnissent les vides; sur une dalle de revêtement du baptistère de Saint-Marc de Venise ce sont des croix en feuilles d'acanthe qui occupent cette place. Sur un parapet trouvé à Daphni un losange allongé accosté de quatre boucles est inscrit dans un rectangle; le champ du losange est garni d'une rosette enfermée dans un entrelacs et de deux fleurs de lys très aiguës [2]. Sur une autre plaque encastrée dans le mur de la Petite Métropole à Athènes, le losange contient une croix à cinq boucles ornées de marguerites à douze pétales; on les retrouve sur les boucles qui remplissent les quatre angles, et la bordure de la plaque est formée par une large bande de galons tressés; l'imitation de la passementerie est ici particulièrement nette; par sa technique ce morceau se rattache au groupe des dalles ornées d'animaux et il en est de même des jolis entrelacs qui, sur le tympan de la porte d'entrée principale, se développent autour d'une croix ansée.

Le caractère oriental de ce système de décoration ne saurait être contesté : on le retrouve presque sans changement sur des panneaux appartenant à une église de Miafarkin, située au nord-est de Diarbékir (Haute-Mésopotamie) [3] : sur deux champs rectangulaires des carrés, des losanges et des cercles sont réunis par des boucles. Un aigle bicéphale, des griffons affrontés, des croix inscrites dans des quatrefeuilles, des palmettes, etc., remplissent les vides. Le profil du ruban est le même que celui des œuvres byzantines, une baguette entre deux scoties; sur le panneau de gauche cette baguette est plus étroite; sur celui de droite, au contraire, elle atteint la même largeur que sur les parapets du mont Athos ou de Venise.

Ces monuments d'autre part appartiennent à des temps très divers. Les fragments étudiés à Delphes par M. Laurent sont sûrement antérieurs au VIIe siècle, époque de l'abandon définitif de Delphes [4]; on remarquera d'ailleurs qu'ils diffèrent du type habituel. La dalle de la Petite Métropole d'Athènes est, nous l'avons dit, contemporaine des sculptures-broderies à décoration animée, qui remontent

(1) SCHLUMBERGER, *Épopée byzantine*, II, 189, 436, 521; III, 552, 588, 649.

(2) MILLET, *Daphni*, p. 12.

(3) STRZYGOWSKI, *Amida*, p. 366, fig. 317.

(4) LAURENT, p. 278-279.

à la fin du IXe siècle. A Constantinople des parapets de ce genre sont encore en place à la façade de Kilisse-Djami, que l'on peut dater de la fin du Xe ou du début du XIe siècle. Les spécimens conservés au mont Athos ne peuvent être plus anciens que la fondation de la laure de Saint-Athanase (963). Par contre des parapets à rubans d'entrelacs, conservés aux musées de Constantinople et de Brousse[1], peuvent être datés de l'époque des Paléologues, comme le prouve le monogramme qui figure sur l'un d'entre eux. Il en est de même des fragments du musée de Mistra[2] qui sont du XIVe siècle et qui par leur beauté sont comparables au parapet de la façade sud de Saint-Marc de Venise. Le motif, une fois introduit dans l'art byzantin, y est donc resté en faveur jusqu'aux temps modernes. D'autre part nous avons constaté que les fragments trouvés à Delphes ne reproduisent pas exactement ce type de parapet; de même les murs d'appui des tribunes de Sainte-Sophie de Constantinople offrent un tout autre système de décoration; on y voit bien des losanges inscrits dans des rectangles, mais non sous la forme de rubans d'entrelacs[3]; enfin si le type des parapets de Delphes est représenté dans les églises de Ravenne, il n'en est pas de même du type usuel. On doit donc distinguer deux sortes de parapets à rubans d'entrelacs. Les plus anciens, ceux de Ravenne et de Delphes, ont le profil des deux tores séparés par une scotie; ce sont en réalité les deux côtes d'un galon. Tout au contraire ceux dont les spécimens de Brousse et de la Petite Métropole d'Athènes sont les plus anciens représentants ne paraissent pas s'être introduits dans l'art byzantin avant le IXe siècle : c'est là un nouvel exemple du contact plus étroit que l'art byzantin prit au moment de la querelle des images avec l'art oriental.

Il n'en est pas de même de la tresse, dont les nœuds sont plus serrés que ceux du simple entrelacs : elle est dans l'art byzantin un motif aussi ancien que le premier type d'entrelacs. Ses galons ont d'ailleurs le même profil, une scotie obtenue par une taille en biseau entre deux tores. Ce motif était assez usité dans l'empire romain comme encadrement des mosaïques pour que les sculpteurs ne fussent pas obligés d'aller en chercher des modèles au loin. C'est bien cependant à une influence orientale que sont dus à

(1) MENDEL, *Catalogue du Mus. de Brousse*, n° 113.

(2) MILLET, *Mistra*, pl. C, 1, 2, 3, 5, 11.

(3) Voir un seul exemple dans SALZENBERG, pl. XXXV, fig. 14, p. 119.

partir du IVe siècle les progrès de la tresse dans la sculpture et sa substitution à l'ornement classique. A vrai dire, son emploi devint tellement banal qu'il ne peut servir à caractériser une époque : elle fut, comme le câble, un des éléments essentiels de la décoration byzantine. On la trouve sur les chapiteaux sculptés à jour où elle imite les corbeilles d'osier. Elles sert surtout de cadre et tient alors dans les bas-reliefs la même place que sur les mosaïques ou sur les canons évangéliaires des manuscrits. Elle orne les arcades et les tympans qui surmontent les ciboriums, comme celui dont on voit le fragment au Musée Impérial de Constantinople [1] (pl. XXI, fig. 2). Telle est aussi la décoration du ciborium, placé dans une nef latérale de Saint-Apollinaire in Classe et exécuté, d'après son inscription, vers 807, en l'honneur de saint Eleucadius par le prêtre Pierre. Rien n'égale la virtuosité avec laquelle le sculpteur a décoré chacune des arcades ; il a copié en réalité quatre points différents de broderie : sur la face principale la double tresse serrée (simple cordonnet), sur la face postérieure de larges boucles rondes coupées par des zigzags opposés, sur les faces latérales deux rubans formant des séries de boucles parallèles et une double tresse qui dessine des volutes [2]. La tresse figure, parfois sculptée à jour, sur les parapets. Enfin on s'en sert pour dessiner des croix, soit sur des chapiteaux, soit sur des parapets, soit sur des sarcophages. Le Musée Impérial Ottoman possède le devant d'une cuve de sarcophage qui provient d'Isak-pacha (Constantinople) [3]. Le champ est couvert de croix à branches égales, au nombre de trois. Celle du centre, faite d'une tresse simple à boucles lâches, sort d'un calice en même temps que deux rinceaux symétriques de feuilles pointues; une couronne de tresse l'encadre également. Deux tresses entrecroisées et à nœuds serrés constituent les croix latérales; de leur pied sortent deux rameaux épanouis. Au-dessus de chacune des croix se lisent les quatre lettres $\overline{\text{IC}}$-$\overline{\text{XP}}$ (en partie mutilées, sauf à la croix de gauche). Sur des compartiments placés sous les traverses des croix latérales, on lit le début d'une inscription funéraire qui devait se continuer sur les petits côtés : Δ(εῦτ)ε [4]

(1) M.I.O., n° 490.

(2) Reproduct. dans GAYET, *Ravenne*, pl. I-II.

(3) M.I.O., n° 649.

(4) Sur cette forme (sous-entendu *τὸ σῶμα*), voir *Corp. Insc. Graec.*, 9297 : *δεῦτε τοῦ δούλου σου... δεῦτε τῆς Σλαβουροπύλας..*

ΤΟΥ ΔΟΥΛΟΥ [1] ΤΟΥ Θ(εο)Υ ΚΑΙ ΠΙCΤΟΥ ΙΕΡΟΠ(ΟΥ)(?) Κ(αὶ) Γ(ε)ΝΙΚΟΥ ΕΡC [2]... (pl. IX, fig. 2).

Bien que nous n'ayons à nous occuper ici que de la technique de cette sculpture, il est impossible de ne pas remarquer tout ce que cette triple répétition de la croix et des initiales du Christ offre de bizarre. Le motif n'est pas sans analogie avec celui des dalles de Delphes sur lesquelles le monogramme du Christ est réuni à deux croix par des lemnisques. M. Laurent voit dans cette figuration un simple parti pris décoratif. Le sarcophage de Constantinople vient jeter, semble-t-il, un jour nouveau sur cette obscure question. La répétition des initiales du Christ prouve du moins que l'hypothèse des deux larrons doit être définitivement écartée. D'autre part il est difficile d'admettre que le sculpteur en adoptant le nombre 3 n'ait pas songé à la Trinité. Or une des questions qui divisaient le plus les théologiens au VIe siècle était celle de l'addition que les monophysites prétendaient faire au Trisagion : *σταυρωθεὶς δι ἡμᾶς*, confondant ainsi la personne du Sauveur dans l'unité des trois personnes divines. Il n'est donc pas impossible que cette triple représentation de la croix ait un caractère monophysite.

Dans l'art occidental la sculpture-broderie a tenu une place plus grande encore que dans l'art byzantin. Dès l'époque des invasions le ruban d'entrelacs, la tresse, le zigzag remplacent peu à peu l'ornement classique et des sculpteurs s'attachent à reproduire avec une exactitude minutieuse tous les détails de la technique des étoffes.

Le galon tressé par exemple supplée dès l'époque mérovingienne à l'insuffisance d'inspiration; il tire le sculpteur d'embarras lorsqu'il s'agit de remplir des places vides. Il est substitué, avec une intention visible, sur les chapiteaux à la feuille d'acanthe, d'un travail plus difficile. Au baptistère de Venasque (Vaucluse), daté des VIe-VIIe siècles, une corbeille de forme corinthienne est tapissée de cordons de tresses dans le sens vertical, tandis qu'entre deux

(1) Δ doit être corrigé à la place de Π.

(2) La lettre antépénultième est indécise, I ou E. Le dernier mot est impossible à identifier, à moins qu'il faille lire Π à la place de P, ce qui donnerait ΕΠ(Ι)Σ(ΚΟΠΟΥ). La forme des lettres est irrégulière; les abréviations sont nombreuses. La plus caractéristique est celle du génitif *ου*, marquée par un sigle triangulaire.

volutes assez mesquines, une roue en hélice remplace la rosette[1]. Un des deux curieux chapiteaux d'époque carolingienne du narthex de l'église de Chamalières (Puy-de-Dôme) est entouré d'une large tresse qui court sur le tailloir carré au-dessus des deux rangs de larges feuilles qui remplacent l'acanthe (pl. X, fig. 1). Sur le chapiteau qui lui fait face, l'imitation de la broderie apparaît dans les ornements symétriques qui tiennent la place de rinceaux, tandis que les torsades, enroulées aux quatre angles au lieu des volutes, semblent inspirées de quelque travail métallique (pl. X, fig. 2). Les fragments de parapets mérovingiens de la cathédrale de Vaison[2], l'encadrement de l'ambon de Saint-Maurice d'Agaune qui remonte au VIe siècle[3], présentent la même décoration. L'arcade du fragment de ciborium de San Giorgio in Valpolicella à Vérone est bordée d'une tresse dont les boucles s'élargissent régulièrement de quatre en quatre[4]. De même des bandes de tresses plus ou moins régulières couvrent les fûts des croix anglo-saxonnes[5] et les piliers probablement carolingiens, de l'église de Cravant (Indre-et-Loire)[6]. Bien que la tresse soit moins répandue dans la sculpture romane, on la trouve assez souvent sur des chapiteaux de galbe corinthien ou simplement cubiques. Tantôt elle tapisse toute la corbeille, (Aurillac, chapiteau de l'ancienne église Saint-Géraud; Saint-Bertrand de Comminges, chapiteau double du cloître)[7], tantôt elle entoure la base du chapiteau d'un panier d'où sortent les feuilles d'acanthe[8], ou bien elle couvre seulement les tailloirs[9], ou même elle n'apparaît au milieu du feuillage que pour remplacer la rosette[10]. Enfin des tresses sculptées à jour forment souvent, sur les édifices auvergnats en particulier, les crêtes qui séparent les deux rampants du toit.

(1) Labande, *B. A C. T. H.*, pl. XIX-XX.
(2) Labande, *B. M.*, 1905, p. 292.
(3) Cabrol, I, 1, 1346.
(4) Venturi, II, fig. 100.
(5) Croix de Bewcastle.
(6) Baum, p. 137.
(7) De Rochemonteix, *Églises romanes de la Haute-Auvergne*, Paris 1902, p. 53. — Vuitry, VII, 3, 4 (Figeac, église Saint-Sauveur).
(8) Saint-Nectaire (Puy-de-Dôme). Rochias, *Chapiteaux de l'église Saint-Nectaire*, Caen, 1909, p. 4.
(9) Cloître de Silos (Espagne). *Rev. art chrétien*, 1909, p. 170 et suiv.
(10) Clermont, Notre-Dame-du-Port.

Fig. 1. — Chamalières (Puy-de-Dôme). Chapiteau du narthex de l'église.

Fig. 2. — Chamalières (Puy-de-Dôme). Chapiteau du narthex de l'église.

A la tresse occidentale se mêlent tant à l'époque barbare qu'à l'époque romane des ornements inconnus à l'art byzantin et qui reproduisent aussi des motifs de passementerie. Tels sont les arceaux entre-croisés ou les anneaux engagés l'un dans l'autre. De même le ruban d'entrelacs, dont la sculpture byzantine ne connaît guère que deux types, revêt en Occident des formes multiples; une des plus usitées, que l'on trouve aussi dans les œuvres musulmanes [1] et que l'on chercherait en vain dans l'art byzantin, est un galon sur lequel il semble qu'on ait cousu des files de perles; d'un effet très décoratif, il couvre de ses enroulements les feuillages et les monstres des chapiteaux du XIIe siècle. C'est d'ailleurs en comparant quelques types de sculpture occidentale aux monuments byzantins que nous comprendrons le mieux les rapports qui unissent les deux écoles et les différences qui les séparent.

Un fragment de parapet conservé à Rome, à Sainte-Marie in Cosmedin [2], est bordé dans le haut d'un large galon d'arceaux entre-croisés. Au centre est une croix grecque, dont les bras terminés par quatre volutes sont tapissés à l'intérieur de deux tresses qui viennent se croiser au centre en laissant une boucle libre. Le corps des deux paons qui boivent dans les calices placés sur les traverses est rendu par des points noués; leur longue queue a l'aspect d'une feuille de fougère et c'est aussi à l'imitation de la broderie que l'on doit les roues et les rinceaux d'acanthe qui accostent la croix. Le procédé est bien le même que celui qui caractérise les sculptures de la Petite Métropole d'Athènes. L'œuvre est presque de la même époque, du VIIIe siècle. Un grand nombre d'œuvres de sculpture lombarde se rattachent à la même technique [3].

De la Gaule carolingienne on peut citer le parapet de Saint-Guilhem-du-Désert (Hérault) : il est couvert de cercles qui s'entrecoupent de manière à former un motif sans fin [4]; les uns sont faits d'un simple galon à trois côtes; sur les autres sont brodés de petits festons en forme de créneaux arrondis. Les deux systèmes sont entremêlés de manière que chacun des cercles festonnés est coupé par quatre cercles côtelés. Aucun motif ne représente mieux

(1) Migeon, *Art musulman*, pilier fatimite du Caire.

(2) Venturi, II, p. 142.

(3) Venturi, II, fig. 89-90 (Bagnacavallo), 101 (Ravenne), 108 (Brescia), 109-110 (Cividale), 135 (Cividale, fragment de parapet).

(4) Baum, p. 136.

dans l'art carolingien la richesse du décor oriental; il n'y a pas d'exemple pareil dans l'art byzantin. Plus près de cet art serait le fragment de Vence (Alpes-Maritimes)[1], dont l'ornement consiste en larges boucles formées d'un galon côtelé, et à l'intérieur desquelles sont cernés des motifs de tout genre, marguerites, rosettes, roues, grappes, oiseaux, etc. Un fragment de marbre de la même époque conservé au Musée de Clermont-Ferrand[2] montre le motif des zigzags entre-croisés combiné avec celui du galon d'entrelacs festonnés (pl. XI, fig. 1). Des tresses perlées ornent aussi les traverses de la croix sur l'ambon de Romainmôtier (Suisse)[3]. En Angleterre les fonts baptismaux de Saint-Martin de Cantorbéry sont couverts d'anneaux perlés engagés les uns dans les autres et d'arcadres entre-croisées[4]. Au Musée de Perpignan un linteau couvert d'entrelacs perlés représente l'art visigoth[5]. Aux portails des églises d'Oviedo, datées du IXe siècle, à San Miguel de Lino, à Santa Maria de Naranco, des frises de nattes relient tous les motifs et encadrent les panneaux où sont sculptées des figurines[6].

Parmi les chapiteaux de style barbare qui représentent à la crypte de Saint-Bénigne de Dijon les débuts de la sculpture romane, on aperçoit le profil d'un oiseau au bec énorme et aux serres très développées; son plumage est rendu au moyen de zigzags ou de lignes de galons parallèles[7]. L'imitation d'une étoffe est encore plus marquée sur un fragment de sculpture du Musée des Augustins à Toulouse que l'on peut dater du XIIe siècle; on y voit des oiseaux de la même espèce alternativement adossés et affrontés au milieu d'un magnifique galon perlé qui, après avoir formé une boucle entre les deux animaux adossés, se termine derrière leur cou par un enroulement. Le plumage, fait d'imbrications ou de lignes parallèles, rappelle le travail de la broderie[8]. La disposition de ces animaux est remarquable; leurs queues s'entre-croisent de la même manière que celles des oiseaux que nous avons vus représentés sur les

[1] Baum, p. 136.

[2] Provient de l'ancienne abbaye de Saint-Alyre, à Clermont.

[3] *B. M.*, 1906, pl. V.

[4] Cabrol, II, 1, fig. 2039.

[5] Brutails, *B. A. C. T. H.*, 1893, p. 334.

[6] Bertaux (Michel, *Hist. de l'Art*, I, p. 560).

[7] De Truchis, *Les influences orientales dans l'architecture romane de Bourgogne*, Paris, 1909, p. 38.

[8] Vitry, pl. VII, 2.

Fig. 1. — Musée de Clermont-Ferrand. Panneau d'entrelacs.

Fig. 2. — Toulouse, Musée des Augustins. Oiseaux au milieu d'entrelacs.

Fig. 3. — Ravenne, église Saint-Vital. Parapet sculpté à jour.

chapiteaux du narthex de Saint-Marc de Venise et de Sainte-Sophie de Trébizonde. Cette rencontre ne peut être due au hasard : cette disposition des oiseaux adossés devait être courante sur les étoffes persanes et nous pouvons saisir ainsi la source d'inspiration qui fut commune aux maîtres byzantins et occidentaux (pl. XI, fig. 2).

Mais si l'on retrouve en Occident tous les motifs de la sculpture broderie de l'art byzantin, on en découvre beaucoup d'autres qui lui sont complètement étrangers. Dans ce domaine, comme dans les autres, c'est l'Occident qui offre la plus grande variété de motifs et de combinaisons. Telle corniche d'église comme celle de Beaumais (Calvados) est littéralement soutachée d'un galon qui en revenant sur lui-même forme de simples boucles [1]. A cette décoration presque modeste s'opposent la richesse et l'exubérance du galon d'entrelacs perlés, ornement devenu banal dans toutes les écoles provinciales; il est même parfois couvert de clous taillés en diamants [2] et il a produit sur les chapiteaux ou les corniches les combinaisons les plus fantastiques [3]. Il en est de même du zigzag simple ou entre-croisé qui tient une si grande place sur les archivoltes des portails du nord de la France et y forme les dessins les plus variés [4]. La sculpture-broderie est donc sinon plus développée, du moins plus riche dans l'art occidental que dans l'art byzantin. Il faut sans doute chercher la raison de ce phénomène dans la liberté plus grande avec laquelle travaillent depuis le XIIe siècle les maîtres d'œuvre occidentaux; il faut aussi l'attribuer à une influence plus complète et plus intense de l'Orient sur l'art occidental. L'art byzantin n'a adopté qu'une partie de la décoration orientale, l'Occident a reçu directement des motifs qui restèrent inconnus à Constantinople. L'Espagne musulmane, dont l'action a été mal étudiée jusqu'ici, resta pour l'art roman une source permanente d'influence orientale. C'est elle sans doute et non l'art byzantin qui explique l'importance que l'imitation des étoffes a prise dans la sculpture romane.

(1) Baum, p. 194.

(2) Donzy, diocèse d'Auxerre, *B. M.*, 1904, p. 86.

(3) Chapiteau du cloître de Notre-Dame-des-Doms, à Avignon, *B. A. C. T. H.*, 1906, pl. LXXVIII. — Vitry, pl. XXIX, 1, 3. Cf. des sculptures musulmanes — Migeon, *Man. d'art mus.*, II, 63.

(4) Audrieu, Calvados (Baum, p. 193). Cathédrale de Bayeux (Vitry, l. XXIX, 10); Saint-Étienne de Beauvais, etc...

IV. SCULPTURE À JOUR.

La technique de la pierre ajourée n'est en somme qu'une variété de la sculpture-broderie. Au lieu d'être attachés à un fond solide, les motifs d'ornement sont entièrement isolés par le découpage de la pierre. Mais les effets obtenus ainsi peuvent être de deux sortes. Parfois la pierre est découpée à jour sur toute sa surface comme une dentelle et les ornements se détachent dans l'espace; tel est le cas des parapets et des balustrades qui sont généralement sculptés sur les deux faces. Parfois au contraire les motifs sont simplement isolés de la pierre à laquelle ils tiennent encore par leurs extrémités : c'est la technique employée sur les chapiteaux, les corniches et les tympans ajourés. Les ornements semblent ainsi s'enlever en clair sur un fond obscur; l'effet est produit par le contraste de la lumière, qui baigne les motifs, et de l'ombre produite par les découpures. C'est pour cette raison que les archéologues allemands appellent ce procédé « sculpture à opposition entre la lumière et l'ombre », Licht und Schatten [1].

Il est évident que la sculpture à jour relève aussi de la technique des étoffes et c'est le souci de trouver un fond dont le contraste avec les ornements fût aussi accusé que sur les étoffes, qui a conduit les sculpteurs à l'imaginer. L'effet obtenu est celui d'un tapis dont la riche décoration ressort d'autant mieux que le fond sur lequel elle s'enlève est plus obscur. C'est sans doute à l'art oriental que les maîtres byzantins ont emprunté cette technique qui apparaît dans les moulures toriques des façades de Mschatta et de Resapha [2]; il faut convenir pourtant qu'elle est beaucoup plus répandue dans l'art byzantin que dans la sculpture orientale, qu'elle y fut traitée avec une grande variété et qu'elle y devint l'objet d'applications nouvelles : ce sont certainement les artistes de Constantinople, Asiatiques ou non d'origine, qui ont imaginé de l'appliquer aux chapiteaux. Enfin la difficulté même de ce travail suppose une habileté consommée et rien ne peut mieux défendre l'art byzantin du reproche de décadence, que la maîtrise avec

[1] Strzygowski, *Mschatta*, p. 271.
[2] Strzygowski, *Mschatta*, p. 282 et pl. IX.

laquelle ces sculpteurs ont traité la pierre ajourée. Ici l'expression de dentelle n'est plus une métaphore et l'on ne peut qu'admirer la fermeté avec laquelle sont dessinés ces ornements qui par leurs arêtes vives font songer à un travail d'orfèvrerie : sur ces œuvres de sculpture à jour la pierre est véritablement ciselée comme le métal.

L'usage des parapets et des dalles sculptées entièrement à jour remonte dans l'art chrétien à une haute antiquité, mais paraît avoir été abandonné au VIe siècle[1]. On en trouve cependant des exemples à Sainte-Sophie de Constantinople : les murs d'appui qui séparent les tribunes nord-est et sud-est du sanctuaire sont décorés ainsi, tandis que des dalles pleines garnissent tout le reste des tribunes. A la base de l'obélisque de Théodose les balcons qui limitent le Kathisma sont ornés d'un treillis à jour. Celui de la face sud-est présente des imbrications analogues à celles d'un fragment de parapet découvert dans le palais dit de Théodoric et conservé au Musée National de Ravenne. Les mêmes motifs apparaissent sur les balustrades représentées en mosaïque sous la coupole du baptistère des Orthodoxes. La décoration de ces parapets est encore assez simple et il en est de même des fragments de la cathédrale de Ravenne qui représentent probablement l'ornementation de l'ancienne « basilica Ursiana » consacrée en 385. Ce sont des « transennæ » dont le marbre est simplement découpé sans aucune sculpture : l'ornement consiste en une rosace assez grossière et l'encadrement est formé par une série de trous au trépan qui dessinent vaguement des feuilles d'acanthe : c'est la marque de l'époque théodosienne.

Il y a loin de cette facture sommaire à la richesse qui distingue la plupart des autres balustrades conservées à Ravenne. Les sculpteurs y ont prodigué les galons d'entrelacs dont les boucles symétriques enserrent des motifs d'acanthe qui prennent les formes les plus variées, rinceaux, croix, étoiles, roues, fleurs de lis et qui sont encadrées d'une bordure de rais de cœur doublée parfois d'une tige d'acanthe ondulée (pl. XI, fig. 3). Les galons d'entrelacs, tantôt tout plats, tantôt à deux côtes, sont bouclés en losanges ou en ronds alternant avec des carrés (chancels du chœur de Saint-Vital), en quatre-

[1] LAURENT, *Delphes chrétien*, *B. C. H.*, XXIII, 254 (a des tendances à vieillir un peu ces monuments).

feuilles (autel de Saint-Vital), en fleurs de lis renversées (autel de Saint-Vital), en quatrefeuilles alternant avec des roues (Musée national, provenant de la cathédrale). Au centre de cette dernière balustrade se trouve une croix pattée qu'accostent deux colombes au milieu des entrelacs. Les deux « transennæ » de Saint-Apollinaire Nuovo ont une décoration encore plus originale : elles ont été exécutées pour former un ensemble et ont le même encadrement, fait d'une tige en méandre accosté de feuilles de lierre stylisées entre deux cordons de perles. Sur l'une un calice placé à la base envoie à droite et à gauche des rinceaux de vigne chargés de grappes dont les enroulements bordent les quatre côtés de la plaque : au centre est une sorte de croix à double traverse enfermée dans un rectangle; deux paons sont perchés sur les bras inférieurs. L'autre est ornée aussi d'une croix centrale de forme latine, écartelée de deux couronnes crucifères en torsade dans le haut et de deux croix tressées en bas; ce motif central est encadré par une bande de svastikas séparés par des losanges. On peut rapprocher de ces sculptures de Ravenne plusieurs parapets de Saint-Marc de Venise. Dans le narthex, le long du mur occidental et placées entre les portails se trouvent six plaques de chancels ajourées. Trois sont ornées de ceps de vignes, trois autres de croix alternant avec des losanges. De même les murs d'appui des tribunes placées de chaque côté du chœur sont découpés à jour sans aucune sculpture. Enfin les clôtures des fenêtres présentent de jolies variétés d'entrelacs, boucles en losanges, boucles circulaires accostées de boucles plus petites et inscrites dans des carrés qui se coupent aux quatre angles.

Ce fut, semble-t-il, au moment même où l'on abandonnait le découpage à jour pour les transennæ que l'on commença à s'en servir pour orner les chapiteaux, les corniches, les tympans et les archivoltes. Sur l'ambon de Salonique qui date du ve siècle[1] une moulure torique court au-dessus des arcades : elle est faite de feuillages entremêlés de fruits qui sont presque isolés entièrement du fond sur lequel ils s'enlèvent. Une moulure analogue orne la façade du palais de Mschatta[2] ainsi qu'une archivolte de la porte triomphale placée entre la nef et la salle triconque du même palais[3]. L'ornement est un cep de vigne dont la tige enroulée

[1] Voir plus haut, p. 28.

[2] Strzygowski, *Mschatta*, p. 287.

[3] Strzygowski, *Mschatta*, p. 291.

Fig. 1. — Constantinople. Décoration des arcades de Sainte-Sophie.

capricieusement est chargée de feuilles et de grappes. Mais l'âge d'or de la sculpture ajourée paraît avoir été le VIe siècle et elle fut pour ainsi dire le procédé favori des artistes qui travaillèrent pour le compte de Justinien; elle peut servir à caractériser l'ornement sculpté de Sainte-Sophie et des édifices élevés à la même époque.

Dans la nef centrale de Sainte-Sophie la technique de la sculpture à jour se mêle très heureusement à celle de la mosaïque de marbre. Celle-ci décore d'une manière splendide les tympans situés entre les arcades des tribunes au premier étage; la sculpture à jour au contraire s'étale largement sur les tympans du rez-de-chaussée (pl. XII). Les arcades y sont surmontées d'une double archivolte limitée par des bandeaux qui courent en formant des retours d'angle au-dessus des chapiteaux. Des feuilles d'acanthe à cinq lobes sont placées toutes droites entre les deux bandeaux. Au centre de chaque retour d'angle est une croix dans un cercle ainsi qu'un véritable fouillis de rinceaux d'acanthe sculptés à jour, interrompu entre chaque arcade par un disque de marbre polychrome cerné d'entrelacs. En haut le champ est limité par une corniche entièrement découpée que soutiennent des modillons couverts d'une dentelle de sculpture. L'effet produit est celui d'une admirable tapisserie, dont les détails minutieux couvrent toute la surface, en laissant cependant les intervalles qui permettent de voir le fond sur lequel ils s'enlèvent; l'impression que donne ce décor est celle de la richesse et de l'harmonie. La sculpture à jour règne aussi sur la corniche supérieure qui limite au premier étage les tympans en mosaïque de marbre; elle forme des encadrements autour des panneaux de marbre polychrome dont les piliers sont revêtus; on la retrouve sur les frises qui ornent les piliers dans les bas côtés et qui se composent de feuilles d'acanthe à trois fleurons analogues à la fleur de lis, et d'un tore décoré d'un cep de vigne compris entre deux rangs d'oves; elle sert même à évider les claveaux dont se composent les arcades : par une disposition très singulière leur intrados est interrompu par deux bandes de marbre ajouré; enfin, comme nous le verrons, la plupart des chapiteaux de Sainte-Sophie relèvent de cette technique.

La sculpture à jour paraît avoir été employée dans tous les monuments construits sous Justinien. Malheureusement la plupart des églises, comme Sainte-Irène, ont perdu leur décoration sculptée ou, comme Saint-Vital de Ravenne, ont été défigurées à l'époque de la Renaissance. Seule la petite Sainte-Sophie (église des Saints-Serge-et-Bacchus) a conservé, outre ses beaux chapiteaux, les moulures curieuses qui ornent son entablement circulaire. Ce sont en partant du bas : un câble continu, un listel, un rang d'oves, un tore sculpté à jour formé par des enroulements de feuilles d'acanthe, un bandeau couvert d'une inscription en grandes capitales, un cordon de billettes, un listel, enfin la corniche et les modillons également ajourés sur toutes leurs faces. Les rares ornements classiques qui aient été conservés semblent perdus au milieu de ce fouillis de dentelle; par une véritable inconséquence, des supports architecturaux comme les modillons perdent leur aspect robuste et sont aussi ajourés que la corniche qu'ils soutiennent (pl. XIII).

Les sculpteurs du VIe siècle poussèrent même encore plus loin ce goût de la sculpture à jour et en revêtirent les supports essentiels de l'édifice, les chapiteaux. Au moment où le chapiteau antique, jugé trop faible pour soutenir des arcades, fait place au lourd chapiteau-imposte d'origine persane, il semble qu'on ait voulu diminuer l'impression de force donnée par le nouveau support en tapissant sa corbeille d'une décoration délicate et presque mièvre. Du moins les chapiteaux byzantins du VIe siècle comptent-ils parmi les plus beaux morceaux décoratifs qu'ait produits la sculpture byzantine. Montrer avec quelle variété ce type de chapiteau fut traité est la meilleure réponse à faire à ceux qui accuseraient encore l'art byzantin de monotonie et de stérilité.

On peut diviser ces chapiteaux ajourés en cinq catégories :

1° Nous connaissons déjà le type du chapiteau imitant la corbeille d'osier sur le bord de laquelle quatre animaux perchés remplacent les volutes[1]. Nous en avons trouvé un exemple à Sainte-Sophie et nous avons constaté son expansion dans tous les pays méditerranéens.

2° Le chapiteau-imposte cratériforme avec volutes d'angle est le type par excellence des chapiteaux de Sainte-Sophie; il est employé exclusivement dans la nef centrale. On a souvent décrit ce magnifique chapiteau qui repose sur un coussinet d'acanthe à jour et dont la corbeille évasée est formée sur les faces principales par deux larges feuilles d'acanthe entre lesquelles se détachent les

[1] Voir plus haut p. 36 et suiv.

Constantinople. Entablement de la Petite Sainte-Sophie.

Fig. 1. — Venise, absidioles. Chapiteaux cratériformes.

Fig. 2. — Constantinople, tribune de Sainte-Sophie. Chapiteaux jumelés.

cabochons ornés des monogrammes de Justinien ou de Theodora, et sur les côtés par une palmette aux branches symétriquement étendues et réunies par un galon d'entrelacs à trois boucles ornées de feuilles étoilées (pl. XII)[1]. Des volutes d'angle empruntées au style ionique ménagent la transition au plan carré du tailloir décoré d'une tige d'acanthe ondulée. Tous ces motifs profondément affouillés se détachent comme une broderie sur un fond obscur. Les chapiteaux qui soutiennent les arcades des tribunes sont du même type et diffèrent seulement de grosseur. On peut dire que ces chapiteaux forment avec les tympans ajourés le plus bel ensemble décoratif que la sculpture byzantine ait jamais réalisé.

Un chapiteau du même genre, mais sans volutes d'angle et moins profondément fouillé, figure à la Petite Sainte-Sophie près des fenêtres du premier étage. En dehors de Constantinople on peut citer le spécimen du Musée Empereur-Frédéric à Berlin, qui provient du Vieux Caire[2], deux chapiteaux de la nef de Parenzo (Istrie), dont l'un orné de cornes d'abondance[3], et plusieurs spécimens remployés à Saint-Marc de Venise. Quatre d'entre eux placés dans les deux absidioles nord et sud montrent au-dessus d'une astragale d'oves découpées à jour une corbeille faite de quatre larges rameaux d'acanthe séparés sur les faces par un gros cabochon à entrelacs et sur les côtés par une branche de vigne; les tranches des volutes sont également couvertes d'ornements ajourés; le tailloir carré est orné de demi-feuilles d'acanthe placées debout (pl. XIV, fig. 1).

3° Le chapiteau ionique, surmonté d'une imposte en forme de tronc de pyramide renversé, est réservé aux colonnes médianes qui soutiennent les voûtes d'arête au-dessus du premier étage des tribunes, tant à Sainte-Sophie qu'aux Saints-Serge-et-Bacchus. Les impostes sont couvertes de rinceaux sculptés à jour. Deux chapiteaux de Sainte-Sophie placés dans la tribune au-dessus du narthex forment un cas presque unique, d'après nos connaissances actuelles, dans l'art byzantin[4]. Ce sont des chapiteaux doubles sur plan

[1] L'idée du chapiteau cratériforme a pu venir des douze chapiteaux en forme de cratères d'argent que Constantin avait fait établir pour supporter la coupole du Saint-Sépulcre (Eusèbe, *Vita Constant.*, III, 38).

[2] Strzygowski, *Kleinasien*, p. 119.

[3] Errard et Gayet, *Parenzo*, pl. V-VI.

[4] Sur une plaque de chancel conservée au Theseion à Athènes, on voit un arc soutenu de chaque côté par des colonnes géminées sous un seul chapiteau

rectangulaire; comme les chapiteaux de nos cloîtres romans ils surmontent des colonnes jumelées et servent à recevoir la retombée des trois arcs qui s'ouvrent sur la nef centrale (pl. XIV, fig. 2). Ils se composent d'une corbeille ionique très basse avec des volutes dont les tranches sculptées à jour sont couvertes d'une tige sinueuse d'acanthe. La même technique apparaît sur le double enroulement qui tapisse les impostes. Le goût que les maîtres byzantins avaient pour le remploi des colonnes antiques, substituées aux piliers pour recevoir les retombées, les a conduits à cette invention ingénieuse.

Le chapiteau ionique à imposte sculptée à jour est représenté à Saint-Marc de Venise par plusieurs spécimens qui proviennent sans doute d'un même monument et ont été concentrés dans le narthex et la galerie nord du rez-de-chaussée. Dix d'entre eux servent à supporter l'entablement du narthex situé entre les portails. Entre les volutes leur corbeille est ornée de perles ou d'une couronne de laurier; l'imposte est couverte sur les faces principales d'un rinceau d'acanthe à feuilles larges et dentelées, qui entoure un cabochon orné d'une croix pattée au milieu du feuillage. Aux angles et sur les côtés se développent des tiges d'acanthe aux feuilles plus courtes et aux dentelures plus nombreuses (pl. XV, fig. 1). Sur deux de ces chapiteaux des cornes d'abondance sont opposées à des rinceaux de vigne chargées de grappes et l'on retrouve cette ornementation sur quatre des chapiteaux situés dans la galerie nord. Par leur parenté avec les supports ioniques de Sainte-Sophie ces chapiteaux se rattachent bien à l'art du VIe siècle, sans qu'on puisse savoir à quel édifice ils furent enlevés;

4° Le chapiteau cubique en forme de pyramide renversée et sans volutes d'angle est un des types les plus répandus à cette époque; il présente d'ailleurs de nombreuses variétés : tantôt il est surmonté d'une imposte indépendante, tantôt il supporte directement la retombée de l'arcade.

Dans la tribune de Sainte-Sophie située au-dessus du narthex, deux de ces chapiteaux, qui n'ont plus aujourd'hui aucun rôle architectonique, sont tapissés d'un réseau formé par quatre zigzags entrecroisés et entièrement à jour ainsi que les feuilles d'acanthe qui les accompagnent (pl. XV, fig. 2). Un chapiteau de ce type a été remployé à la mosquée de Sidi Obkha à Kairouan[1].

[1] Diehl, *Justinien*, p. 176.

Fig. 1. — Venise, narthex de Saint-Marc. Chapiteaux ioniques à impostes.

Fig. 2. — Constantinople, tribune de Sainte-Sophie. Chapiteau antique avec zigzag à jour.

Fig. 1. — Venise, façade méridionale de Saint-Marc. Chapiteau cubique sculpté à jour.

Fig. 2. — Ravenne, Saint-Vital. Chapiteau cubique sculpté à jour.

Fig. 3. — Venise, Saint-Marc. Façade occidentale. Chapiteau cubique sculpté à jour.

Un modèle un peu différent et d'aspect plus robuste est celui des chapiteaux du rez-de-chaussée de la nef octogonale de Saint-Vital de Ravenne. Ils sont surmontés d'impostes ornées seulement du monogramme de Ioulianos l'Argentier. La corbeille pyramidale est tapissée d'un réseau régulier et serré de tresses, interrompu sur les faces par un cartouche trapézoïdal au milieu duquel est une palmette reliée aux deux feuilles à trois lobes qui l'accostent. Le fond lisse sur lequel se détache cet ornement était recouvert de peintures dont on distingue encore les traces. Ce type de chapiteaux, dont on trouve un exemplaire exécuté en marbre de Proconnèse au Musée du Caire[1], paraît originaire de Constantinople. Il en existe des spécimens bien conservés à Brousse où ils ont été remployés au-dessus des colonnes de porphyre qui soutiennent la coupole hypètre du turbeh du sultan Mourad. Ils figurent aussi à la mosquée de Sidi Obkha à Kairouan[2] et dans la nef de la basilique de Parenzo[3]. Ceux que l'on voit à Saint-Marc de Venise sont très endommagés; au rez-de-chaussée du deuxième portail nord et au premier étage du portail central de la façade principale, il ne reste plus que le noyau dépourvu d'ornement; du côté de la Piazetta, deux de ces chapiteaux (pl. XVI, fig. 1), de même dimension que ceux de Ravenne, conservent encore leur palmette centrale et des fragments de leur réseau que l'on aperçoit, distinctement rattaché au noyau par deux petites moulures saillantes sur les bords, et complètement isolé au milieu.

Enfin au lieu de ce réseau de tresses, d'aspect un peu sévère, on imagina de couvrir entièrement la corbeille de feuillages ou d'entrelacs ajourés. Ce genre de chapiteau paraît avoir été en grande faveur à Ravenne et ses plus beaux spécimens sont ceux qui soutiennent les arcades au rez-de-chaussée du chœur de Saint-Vital. Chacune des faces est ornée d'une croix d'entrelacs au milieu de rinceaux d'acanthe; une tige aux sinuosités garnies de rinceaux forme un large bandeau qui dessine l'astragale et se relie par les quatre angles au tailloir carré. Les impostes qui les surmontent sont ornées sur leurs faces d'animaux symboliques en méplat et couvertes sur leurs côtés de rinceaux sculptés à jour. Tout cet ensemble était polychrome et des traces d'or apparaissent sur les feuilles d'acanthe

(1) Cabrol, II, 1, fig. 1851.
(2) Diehl, *Justinien*, p. 180.
(3) Errard et Gayet, *Parenzo*, pl. VI

des corbeilles. Les deux chapiteaux du premier étage de la tribune méridionale sont un peu différents : leur astragale est fait de feuilles d'acanthe renversées; leurs angles et leurs tailloirs sont bordés d'une grosse tige de laurier; sur leurs faces les rinceaux d'acanthe sortent, soit d'un vase, soit de cornes d'abondance et sont interrompus du côté du chœur par un disque (pl. XVI, fig. 2). Le même chapiteau se trouve à Saint-Apollinaire Nuovo au-dessus d'une colonne en porphyre qui soutient un ancien ciborium dans la chapelle des Reliques. On peut voir le même modèle, sans la tige de laurier et avec un réseau continu d'acanthe, dans la même chapelle et sur une des colonnes qui supportent la chaire de cette église. Au Musée National sur un chapiteau provenant de Saint-Michel in Affriciscio, le motif central encadré par un bandeau trapézoïdal est bordé à l'astragale, aux angles et au tailloir d'une rangée de feuilles à cinq lobes semblables à de grosses fleurs de lis[1]. Ce chapiteau se rencontre aussi dans plusieurs monuments italiens, à Brescia, où il a été remployé dans l'église lombarde de San Salvatore, à Padoue où deux spécimens encastrés dans une maison de la place dei Frutti sont ornés de rinceaux d'acanthe sortant d'un vase et encadrés d'un cep de vigne, à Torcello à la façade de Santa-Fasca, enfin à Saint-Marc de Venise : deux de ces chapiteaux, remployés au rez-de-chaussée du deuxième portail sud, sont couverts d'un rinceau de vigne chargé de grappes; une variété remarquable se montre dans les ébrasements du premier étage au portail central et au rez-de-chaussée du deuxième portail nord : l'astragale est fait d'une couronne de laurier, au centre de chaque face se développe une large feuille à cinq lobes dentelés avec tige en accolade terminée par des feuilles plus étroites, aux angles quatre pommes de pin dirigées la pointe en haut soutiennent le tailloir carré orné d'une rangée de feuilles d'acanthe posées debout (pl. XVI, fig. 3).

5° Une dernière variété de chapiteau ajouré paraît propre à l'art byzantin. Elle a la forme bizarre d'un fruit côtelé régulièrement. La corbeille se compose en effet de huit profils toriques, quatre aux angles, quatre au milieu des faces; le tailloir, souvent surmonté d'une imposte, garde cette forme ondulée et le chapiteau, pareil aussi au calice d'une fleur, va en se rétrécissant vers le bas pour reposer sur une astragale. C'est aussi de Constantinople que

[1] Ravenne, Musée National, n° 491.

Fig. 1. — Venise, Saint-Marc.
Chapiteau à corbeille côtelée.

Fig. 3. — Église de Souvigny (Allier).
Chapiteau sculpté à jour.

Fig. 2. — Constantinople. Chapiteau à Hodja-Moustapha-Djami.

ce chapiteau rayonne dans tous les pays soumis à l'influence byzantine. On le trouve, avec astragale d'oves, au rez-de-chaussée de la Petite Sainte-Sophie, où il supporte l'entablement sans intermédiaire; sa corbeille est ornée de palmettes aux branches régulières, séparées aux angles par la quadruple boucle d'un entrelacs (pl. XIII). Même disposition à la façade nord de la Kilisse-Djami (Theotokos), où le chapiteau a été remployé, à Saint-Démétrius de Salonique [1], à Brousse, où il supporte la coupole du « tepidarium » aux bains du Vieux Kaplidja, à Ravenne au premier étage de la tribune nord du chœur de Saint-Vital (avec astragale en couronne de laurier), à Saint-Marc de Venise, où il est représenté quatre fois dans le narthex, quatre fois au deuxième portail nord de la façade principale, quatre fois au premier étage de la façade sud, une fois à la façade nord (pl. XVII, fig. 1). Tous ces spécimens, analogues à ceux de Constantinople et de Ravenne, proviennent d'un monument du VIe siècle et l'on voit avec quelle faveur fut employé le chapiteau gaufré à cette époque.

Il semble qu'après le VIe siècle la technique ajourée ait été peu à peu abandonnée. Les chapiteaux de Hodja Moustapha Djami à Constantinople (église Saint-André, VIIe siècle) en sont encore un souvenir. Ceux du narthex appartiennent à la catégorie des corbeilles ioniques surmontées d'impostes sur lesquelles se développent des rinceaux symétriques (pl. XVII, fig. 2) [2]. A l'intérieur de la nef, des palmettes aux feuilles dentelées d'une facture très sèche ornent un chapiteau-imposte de forme cubique; un cartouche, qui portait sans doute un monogramme, occupe le milieu de chaque face; le tailloir carré est couvert de feuilles d'acanthe renversé en forme d'M [3]. Tous ces motifs sont assez affouillés pour se détacher du fond; ils y tiennent encore cependant et cette technique intermédiaire peut être comparée à celle des chapiteaux ioniques à imposte, ornés de vases d'où sortent des feuilles, du premier étage de la Petite Sainte-Sophie ou au magnifique chapiteau-imposte situé à droite du deuxième portail nord de Saint-Marc de Venise : le bour-

[1] Papageorgiu, *B Z.*, 1908, p. 330.

[2] Des chapiteaux analogues ont été remployés pour supporter la coupole de l'étuve aux bains du Vieux Kaplidja de Brousse.

[3] Le même chapiteau, mais probablement remployé, se trouve à la chapelle funéraire de Fétiyé-Djami qui date du XIVe siècle. (Ebersolt, *Rev. archéol.*, 4e s., XIV, p. 36).

relet d'acanthe qui forme son astragale, les deux rinceaux enserrant un disque crucifère qui se développent sur sa corbeille permettent de le rapprocher des chapiteaux de Hodja Moustapha, dont il est contemporain.

Une porte conservée dans la cour du médressé de Hodja Moustapha[1] montre cette technique d'une manière bien plus nette. Ses montants et son linteau sont garnis entièrement sur deux faces d'une magnifique tige d'acanthe sculptée à jour entre deux rangs d'oves. Elle a de grands rapports avec la porte de l'église de Kodscha-Kalessi (Isaurie)[2] et pourrait bien remonter au VIe siècle.

La sculpture ajourée devient ensuite beaucoup plus rare dans l'art byzantin et on lui préfère d'autres techniques; on peut dire cependant qu'elle ne disparaît jamais entièrement. On la retrouve sur les chapiteaux qui soutiennent l'entablement de l'iconostase de Saint-Luc en Phocide (Xe siècle), ainsi que sur l'entablement lui-même, où elle est représentée par des cabochons et par une frise de rosaces[3]. Dans les derniers siècles de l'empire byzantin les monuments de Mistra en fournissent des exemples : ce sont surtout des archivoltes composées de tresses ou de feuilles d'acanthe et accompagnées parfois de cabochons d'entrelacs[4].

En Occident la sculpture ajourée n'est guère représentée dans les édifices antérieurs à l'époque romane. Cependant on voit au baptistère de Venasque (Vaucluse) un chapiteau surmonté d'un lourd tailloir-imposte, dont la corbeille évasée présente les godrons si caractéristiques des chapiteaux byzantins du VIe siècle; une sorte de ruban à jour les relie[5]. Au contraire à partir du XIIe siècle le découpage à jour des motifs de sculpture devient une des techniques prépondérantes de l'ornementation romane. On la trouve sur les chapiteaux tapissés de tresses comme ceux de Ravenne, mais sans cartouche décoratif, par exemple sur un demi-chapiteau de l'église de Souvigny (Allier) (pl. XVII, fig. 3), sur des chapiteaux accouplés des cloîtres de Silos (Vieille-Castille)[6], de Saint-Bertrand de

[1] Elle a été reproduite par M. EBERSOLT. (*Topog. et Monum. de Constantin, Rev. archéolog.*, 4e s., XIV, pl. VIII).

[2] STRZYGOWSKI, *Kleinasien*, p. 163.

[3] DIEHL, *Monastère de Saint-Luc en Phocide*, p. 26-27. Reproduit dans SCHLUMBERGER, *Épopée byzantine*.

[4] MILLET, *Monuments de Mistra*, pl. XLIII, 2; XLIX, 1; LI, 11.

[5] LABANDE, *B. A. C. T. H.*, 1914, pl. XX.

[6] *Revue de l'art chrétien*, 1909, pl. VII.

Chapiteau orné d'un cabochon à Cournon (Puy-de-Dôme).

Comminges (Haute-Garonne)[1], de Santillana-del-Mar à Santander (Espagne)[2], à l'église de Deuil (Seine-et-Oise)[3], etc. Un cabochon d'entrelacs, d'une très bonne exécution et tout à fait analogue à ceux des chapiteaux byzantins de Saint-Marc de Venise, orne une corbeille corinthienne dans le chœur de l'église de Cournon (Puy-de-Dôme) (pl. XVIII). Le pignon sculpté à jour, au croisillon nord de Saint-Étienne de Beauvais relève aussi de cette technique[4]. Il en est de même des galons d'entrelacs qui couvrent de leurs enroulements les chapiteaux doubles d'aspect si décoratif du Musée des Augustins à Toulouse[5]. Mais c'est surtout dans l'ornementation des portails entre les voussures des archivoltes et souvent des pieds-droits que la sculpture à jour apparaît. On ne peut s'empêcher de constater les rapports étroits qui unissent les portails de l'Italie méridionale, comme celui de la cathédrale de Trani[6], à ceux de Kodscha-Kalessi et de Hodja-Moustapha. De même dans les églises de Bourgogne, certains portails, comme celui de Saint-Lazare d'Avallon[7], doivent presque toute leur décoration à la sculpture ajourée : les rosaces fleuronnées y alternent dans les archivoltes des voussures avec les enroulements d'acanthe ou les tiges garnies de pommes de pin. Cette technique s'est même propagés hors de la Bourgogne et on la retrouve au portail de Saint-Martin-le-Beau (Indre-et-Loire)[8] et sur les portails de style poitevin où les feuillages sont remplacés par des motifs animés, à la façade de la cathédrale d'Angoulême[9], au portail d'Aulnay (Charente-Inférieure)[10], etc. La technique est bien la même que celle de la sculpture byzantine : les ornements, feuillages, animaux ou personnages ne sont rattachés que par leurs extrémités aux deux bords de l'archivolte qui a été assez profondément affouillée pour que ses motifs, plats à la surface, se détachent en clair sur les interstices d'ombre. Le procédé a même survécu à l'art roman et l'on sait tout le parti

(1) Vitry, VII, 3.

(2) Lamperez, I, fig. 289.

(3) *B. M.*, 1874, op. 56.

(4) *B. M.*, 1906, p. 24.

(5) Vitry, VII, 1, 2, *Baum*, p. 74.

(6) Bertaux, *L'Art byzantin dans l'Italie mérid.*, pl. I.

(7) Baum, p. 142-144.

(8) Baum, p. 142.

(9) Vitry, VII, 2.

(10) Baum, p. 14-16

qu'on en a tiré dans certaines portes gothiques : celle de la sacristie de la cathédrale de Clermont par exemple, exécutée au XIVe siècle[1], est ornée comme la porte de Hodja-Moustapha de tiges de feuillage sculptées à jour dans les profondes voussures qui garnissent ses pieds-droits et entourent son archivolte (pl. XIX, fig. 1).

Il paraît impossible d'écarter, devant des rapports aussi évidents, toute influence de la sculpture byzantine sur l'art occidental. Nous avons vu quelle place la pierre ajourée tenait au VIe siècle à Ravenne et dans toute l'Italie du nord; il se peut que ce soit là que les maîtres d'œuvre du XIIe siècle aient puisé l'idée de cette technique; il est possible aussi, mais on ne voit pas bien à quelle époque, qu'elle leur soit venue d'Orient directement. On est donc réduit à des conjectures, mais les rapports entre la technique ajourée de l'art byzantin et celle des monuments occidentaux du XIIe siècle n'en est pas moins un fait certain et qui valait la peine d'être signalé.

V. SCULPTURE EN MÉPLAT.

La sculpture en méplat est encore moins accentuée que le demi-relief; elle semble fuir le profil dans l'espace et donne à tous ses motifs une surface presque plane; elle se distingue cependant de la sculpture champlevée, dont il sera question plus loin, en ce qu'elle conserve le modelé, indiqué soit par des traits, soit par de faibles ressauts. Nous avons déjà remarqué que les motifs de la sculpture ajourée, quoique profondément fouillés, présentaient des formes presque plates : si l'on suppose ces motifs collés au fond sur lequel ils s'enlèvent, au lieu d'en être détachés, on obtient la sculpture en méplat. L'adoption de cette technique dans l'art byzantin était donc une conséquence inévitable du mouvement qui l'entraînait vers l'imitation du système décoratif de l'Orient. La sculpture en méplat, à peine connue de l'art grec classique, était au contraire en Orient le résultat d'une longue tradition depuis l'époque des bas-reliefs assyriens jusqu'à ceux, de même inspiration, dont les rois sassanides couvraient les murs de leurs palais. Importée dans l'art européen à la fin de l'antiquité elle devint bientôt envahissante, au point de faire oublier le modelage

[1] DESDEVISES DU DEZERT et BRÉHIER, *Clermont-Ferrand*, Paris, 1911, p. 57.

Fig. 1. — Clermont-Ferrand. Porte de la sacristie de la cathédrale.

Fig. 2. — Ravenne, Musée national. Chapiteau ionique à imposte.

et de dominer toutes les techniques de l'art byzantin. C'est ce genre de sculpture qui a frappé le plus les historiens de cet art : aussi est-ce celle qui a été la mieux étudiée jusqu'ici. Sans donc insister sur des faits déjà bien connus, nous voudrions montrer quelle place la technique en méplat tient dans l'art byzantin et quelles sont les diverses catégories de monuments qui en relèvent.

Chapiteaux. — Le style en méplat est employé pour les chapiteaux d'antes des piliers des bas-côtés au rez-de-chaussée de l'église Sainte-Sophie à Constantinople : une tige sinueuse d'acanthe forme l'astragale, la corbeille est figurée par des palmettes toutes droites surmontées d'une frise de vignes, d'un cordon d'oves, de rinceaux d'acanthe dans un quart de rond et d'un tailloir lisse. Dans la tribune nord de la même église, on trouve un spécimen, rare dans l'art byzantin, de chapiteau imposte de style dorique [1]. Il se compose d'un galon de perles, d'un rang d'oves, d'un listel timbré d'une croix au milieu de feuilles de lauriers, d'une imposte ornée de denticules. De la même époque datent les chapiteaux-impostes de forme cubique, sans autre ornement qu'un bandeau trapézoïdal sur chaque face : au milieu se détachaient des monogrammes. Tels sont les chapiteaux qui surmontent les colonnes des citernes de Constantinople [2]; on peut en voir un beau spécimen dans la cour de Tchilini-Kiosk et l'on retrouve ce modèle à Brousse, au Musée [3] et dans le turbeh de Mourad, ainsi qu'à Venise au premier étage de la façade nord au-dessus du portail.

Le chapiteau cubique à ornementation sommaire resta usité dans l'art byzantin et on en trouve des spécimens de toutes les époques. Deux chapiteaux de Kazandjilar-Djami à Salonique (église restaurée, d'après une inscription, en 1028) reproduisent ce modèle et sont ornés, l'un de simples monogrammes, l'autre de rameaux aux angles avec entrelacs sur les faces [4]. Très souvent l'ornementation corinthienne est appliquée à ce chapiteau : un spécimen du Musée de Brousse semble une reproduction dégénérée du composite [5]; dans le bas côté sud de Kahrié-Djami, on trouve

(1) Sur la rareté de ces monuments, dont quelques exemples ont été trouvés à Delphes, voir Laurent, *Delphes chrétien*, *B.C.H.*, XXIII, 237-238.

(2) Diehl, *M.A.B.*, p. 139, fig. 66.

(3) Mendel, n° 125.

(4) Schlumberger, *Épopée byzantine*, III, p. 612 et 713.

(5) Mendel, n° 124.

une copie grossière du corinthien avec volutes et feuilles dentelées. A Saint-Marc de Venise, au premier étage de la façade sud, les volutes sont remplacées par des pommes de pin relevées et il en est de même à l'intérieur, aux chapiteaux des tribunes donnant sur le transept; d'autres modèles dépourvus de cet ornement se voient aussi au premier étage de la façade sud et à l'intérieur du Baptistère.

Au xe siècle on adopta, pour soutenir les colonnettes destinées à séparer les baies géminées, un chapiteau en forme de trapèze, dont les petites faces sont couvertes d'ornements très simples, croix pattées ou fleuronnées, palmettes, rinceaux d'acanthe, etc. Tel est le chapiteau usité à l'église de Daphni [1] et à Athènes, à la Petite Métropole, aux Saints-Théodores, à la Kapnikarea. On peut rapprocher de ces chapiteaux ceux qui soutiennent les arcatures extérieures de la chapelle funéraire de Fétiyé-Djami, élevée au XIVe siècle à Constantinople [2]. Ce sont des demi-chapiteaux à quatre pans sous un tailloir de même dessin : des rinceaux d'acanthe reliés aux angles ornent les faces.

Enfin on trouve beaucoup d'impostes de marbre et de chapiteaux couverts de ces longues feuilles d'eau, déjà usitées dans la sculpture classique, mais qui sont souvent couvertes dans le bas par un bouquet de feuilles d'acanthe. Cet ornement est particulièrement usité en Grèce : la terrasse de l'Acropole à Athènes, la salle byzantine du Theseion, la cour de l'église de Daphni [3] sont remplies de fragments de ce genre. Le Musée de Ravenne possède aussi quatre impostes ornées de même [4] (pl. XIX, fig. 2); elles sont timbrées d'une croix sortant d'un rinceau d'acanthe. Cet ornement a donc été usité dans l'art byzantin depuis le VIe siècle et il règne encore au XIVe siècle dans les églises de Mistra, où l'on trouve de curieux chapiteaux en forme de calices de fleur, dont le galbe rappelle celui du chapiteau du portique d'Athéna à Pergame [5]. Leur corbeille est tapissée de feuilles d'eau aux bords légèrement relevés et garnies à la base de feuilles d'acanthe; ils sont souvent surmontés d'impostes pourvues du même ornement ou timbrées de monogrammes.

(1) MILLET, *Daphni*, p. 64.
(2) EBERSOLT, *Rev. des Ét. gr.*, 4e s., XIV, p. 35.
(3) MILLET, *Daphni*, fig. 2 et 5.
(4) Ravenne, Musée National, n°s 490, 494, 497, 502.
(5) MILLET, *Monuments de Mistra*, pl. 38, 46, 55.

Dalles de parapets, ambons, ciboriums, etc. — La sculpture en méplat a été tout naturellement employée en même temps que les autres techniques pour l'ornement des surfaces de revêtements, murs d'appui, chancels, ambons, baldaquins de ciborium, entablements, linteaux, sarcophages, etc. On peut ramener à six catégories les motifs d'ornement qui apparaissent sur ces œuvres : la décoration géométrique, les symboles religieux, les feuillages, la faune réelle ou fantastique, les sujets mythologiques, l'iconographie chrétienne. Il va sans dire que bien souvent ces motifs se mêlent sur une même sculpture, mais il est nécessaire de les considérer à part, afin de mieux juger de leur place relative dans l'art byzantin.

Une décoration géométrique, faite d'éléments très simples, fut adoptée à partir du VIe siècle pour recouvrir les balustrades et les portails. La plupart des parapets qui bordent les tribunes de Sainte-Sophie présentent le motif, devenu banal, du losange inscrit dans un carré ou dans un rectangle; des feuilles trilobées terminent parfois les angles et des feuilles cordiformes garnissent les écoinçons; une croix pattée est souvent placée au centre. Une dalle des tribunes nord présente à cette place une feuille d'acanthe à trois lobes en forme de fleur de lis. Des losanges moulurés ornent aussi certains des panneaux de revêtement en marbre polychrome du sanctuaire; c'est le même motif que l'on trouve, à la basilique de Parenzo traité en mosaïque de marbre. On peut rapprocher de ces parapets les trois dalles qui forment l'ambon de Saint-Apollinaire-Nuovo à Ravenne et qui sont décorées de losanges concentriques inscrits dans un carré et terminés aux angles par des fleurons; à droite et à gauche sont représentées deux croix pattées sur un globe. Les profils des moulures consistent en une alternance de gorges et de scoties. Le Musée Impérial Ottoman possède quelques morceaux de ce genre : la vogue de ces parapets a précédé celle des dalles à rubans d'entrelacs. C'est aussi à des combinaisons géométriques que l'on doit les fausses portes de marbre, placées autrefois sur les stèles d'Asie Mineure [1] pour représenter l'entrée du monde souterrain, et reproduites, pour encadrer de véritables portails, dans les monuments byzantins. On en trouve un curieux spécimen

[1] MENDEL, n°s 76-79. — Stèles analogues provenant de Phrygie au Musée du Louvre (salles d'Asie Mineure).

encore en place à Sainte-Sophie dans la tribune méridionale : une entrée faite seulement de deux montants et d'un linteau est accostée de deux fausses portes de marbre représentées avec leur cadre fait de trois tores entre des scoties, leur trumeau garni d'une tige sinueuse de feuilles à trois lobes et terminé par un chapiteau de pilastre, leurs battants ornés de rectangles à encadrements lisses ou faits de zigzags, séparés par des moulures en forme de T; dans les intervalles les clous et les anneaux sont reproduits en marbre. Une poutre de marbre ornée de feuillage forme un entablement continu au-dessus des deux portes et de l'entrée (pl. XX, fig. 1). Plusieurs morceaux de ce genre, de diverses grandeurs, sont conservés au Musée Impérial Ottoman; quelques-uns ont des clous dorés ou sont ornés de marguerites à douze pétales. On y voit aussi les têtes de femmes ou de lions garnis d'anneaux, qui devaient passer en Occident, et ornent encore aujourd'hui plusieurs de nos portails romans[1].

Les parapets sculptés en méplat sont aussi couverts de feuillages. Les rinceaux de vigne chargés de feuilles et de grappes et sortant symétriquement d'un vase sont un des motifs préférés de la sculpture ravennate; on trouve ces motifs sur les sarcophages, sur les parapets (fragment de la chapelle des Reliques à Saint-Apollinaire le Nuovo), sur les ambons (chaire de l'église Spiritu Santo qui, d'après une inscription replacée en 1544, passe pour avoir appartenu aux onze premiers évêques de Ravenne). C'est de Syrie, où ils sont banals sur les monuments chrétiens, que sont venus ces motifs qui se retrouvent sur certaines clôtures des tribunes de Saint-Marc de Venise. Dans la même église on trouve aussi les rinceaux d'acanthe symétriques, parfois à forme fleurdelisée. Sur un morceau d'entablement d'iconostase, au Theseion d'Athènes, une pomme de pin se détache sur un fond de feuilles d'acanthe. L'enroulement de vigne, mêlé de feuilles de lierre, de boutons et de quatrefeuilles couvre les bandeaux qui séparent les quatre panneaux des belles portes de bronze de Sainte-Sophie, à Constantinople. A une époque postérieure, un enroulement semblable au milieu duquel se jouent des animaux de toute sorte orne le linteau des portes du narthex à la petite Métropole d'Athènes. Cet ornement syrien, dont la façade de Mschatta offre un si bel

[1] Portails de la cathédrale du Puy et de l'église de Brioude (Haute-Loire).

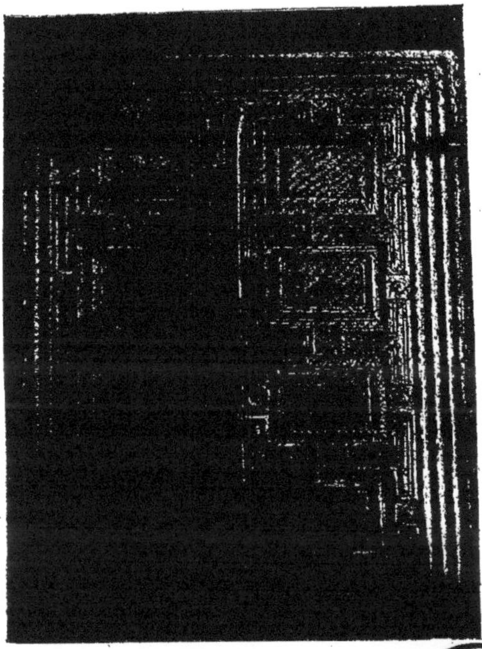

Fig. 1. — Constantinople, tribune méridionale de Sainte-Sophie. Fausse porte en marbre.

Fig. 2. — Ravenne, Musée national. Croix ornées de bas-reliefs.

Fig. 3. — Venise, façade méridionale de Saint-Marc. Bas-relief des agneaux.

exemple [1], s'est donc implanté d'une manière définitive dans l'art byzantin au VIe siècle; il devait aussi être en grande faveur dans l'art occidental. On le trouve dès les temps barbares sur les sarcophages dits du sud-ouest et plus tard il devient un des motifs favoris de l'art roman sur les jambages des portes, piliers, trumeaux, etc. [2]. Les relations si fréquentes entre l'Occident et la Syrie à l'époque barbare suffisent à expliquer l'importation de ce motif en Gaule et en Italie sans qu'il soit besoin de supposer que Byzance ait servi d'intermédiaire.

La croix presque toujours pattée, quelquefois enfermée dans un disque et accostée au VIe siècle de l'α et l'ω, forme le principal élément du décor religieux. On la trouve en abondance ainsi que le monogramme du Christ sur les impostes, les parapets, les linteaux, au milieu des ornements géométriques ou des feuillages. Certaines œuvres en revanche n'ont pas d'autre décoration : il en est ainsi des fameux sarcophages impériaux en porphyre de la cour de Sainte-Irène ou de la place située devant Zeïrek-Djami à Constantinople : aux tympans qui surmontent les petits côtés figurent des croix simples et, sur les faces principales, des croix inscrites dans des disques. Il existe aussi à Ravenne une série de croix en relief, exécutées en pierre ou en terre cuite et qui, à cause de leurs dimensions, devaient être destinées à surmonter une table d'autel ou à être encastrées dans les murs d'une abside. On sait maintenant que les croix sculptées en relief n'étaient pas inconnues à l'Église grecque. Celles de Ravenne sont ornées sur les deux faces [3]. D'un côté est représenté l'agneau avec la houlette entre les pattes, parfois dans une couronne de perles, à la croisée des quatre bras entièrement lisse. Du côté opposé est une main bénissante, ou bien placée dans une couronne de lauriers, ou bien accostée des deux sigles astronomiques du Soleil et de la Lune, que l'on confond à tort à Ravenne [4] avec un œil et une oreille. Sur l'une de ces croix, à la simple main est substitué un bras entier et

(1) Strzygowski, *Mschatta*, p. 308.

(2) Jambages de porte à Nivelles (Belgique), montants de croix anglo-saxonnes (musée de South-Kensington), chapiteaux du cloître de la Daurade (Musée des Augustins, à Toulouse), etc.

(3) Millet, *Les Iconoclastes et la croix*, *B.C.H.*, XXXIV, 104 (croix trouvée dans une chapelle souterraine d'Inkermann, en Crimée).

(4) Ravenne, Musée National, s. 397, 492, 498, 503, 579.

sur les traverses sont représentées deux étoiles et deux têtes ; l'une à gauche dans un croissant, l'autre à droite dans un demi-cercle (pl. XX, fig. 2). Deux croix analogues ornées d'un galon d'entrelacs, que nous avons déjà signalées, se trouvent, l'une exécutée en terre cuite au Musée, l'autre en bas-relief à la chaire épiscopale de Torcello. Il faut voir dans ces croix de Ravenne, qu'on appelle sans raison ariennes, les premiers spécimens des croix monumentales sculptées qui se répandirent bientôt dans tout l'Occident et dont les croix anglo-saxonnes, dont quelques-unes datent du VIIe siècle, nous fournissent des modèles. En outre, les croix de Ravenne offrent un intérêt iconographique de premier ordre ; les motifs dont elles sont ornées représentent la Crucifixion sous une forme symbolique ; elles appartiennent à une époque où ce sujet n'était pas encore admis dans l'art chrétien sous sa forme naturaliste [1] et montrent les efforts tentés pour l'y introduire d'une manière détournée ; elles mériteraient une étude iconographique qui ne peut trouver sa place ici.

L'importance prise par la faune dans la décoration byzantine est bien connue et nous n'y insisterons pas. Les animaux représentés sur les parapets ont le plus souvent, mais non toujours, un sens symbolique. Ou bien, comme les paons affrontés, les cerfs, les agneaux ils procèdent de l'art chrétien primitif, ou bien ils ont été copiés sur des étoffes, mais dans l'un et l'autre cas, en dernière analyse c'est à l'Orient et non à la tradition antique qu'on doit ce système de décoration. On peut distinguer dès l'antiquité un premier courant d'influences orientales, qui fournit les motifs si répandus dans l'art des catacombes, plus tard au IVe et au Ve siècle dans les sculptures coptes et syriennes et enfin dans l'art byzantin. Le motif des paons affrontés de chaque côté d'un vase se trouve au VIe siècle sur les linteaux des portes syriennes [2], sur une dalle de Constantinople [3], dans les basiliques d'Afrique [4] et enfin à Ravenne où il est reproduit à satiété sur les sarcophages ou les parapets. Il en est de même des lions, des agneaux ou des cerfs. On sait quelle place le symbolisme pastoral tient dans la décoration des églises de Ravenne. Un curieux bas-relief encastré dans la

(1) L. Bréhier, *Les origines du Crucifix*, Paris, 1904, p. 20 et suiv.

(2) Linteau de Dana, Diehl, *Justinien*, p. 483.

(3) Mordtmann, *Esquisse topographique de Constantinople*, Lille, 1892, p. 71.

(4) Cabrol, II, fig. 2105. — Autre exemple à Brousse, Mendel, n° 105.

façade sud de Saint-Marc de Venise se rattache au même cycle de monuments et provient peut-être de Ravenne. Au milieu d'un cadre rectangulaire formé par une guirlande de laurier, on aperçoit un trône impérial vide; sur le dossier se détache une croix à double traverse surmontée d'un agneau enfermé dans un disque; à droite et à gauche six agneaux sont placés symétriquement, de profil et, pour qu'il ne subsiste aucun doute sur le sens de la scène, une inscription placée dans le haut désigne ΟΙ ΑΓΙΟΙ ΑΠΟΣΤΟΛΟΙ, ✝ Ο ΑΜΝΟΣ (pl. XX, fig. 3). Dans les angles s'élèvent deux palmiers aux branches symétriques qui laissent pendre à droite et à gauche un régime de dattes, tandis qu'au pied de chaque arbre sont disposées deux corbeilles pleines de fruits. On voit les mêmes palmiers sur certains sarcophages de Ravenne et notamment sur l'un de ceux qui se trouvent près du mausolée de Dante. Le bas-relief de Venise offre en outre un exemple intéressant de la scène de l'Hétimasia ou préparation du Trône, qui devait être si fréquemment reproduite dans l'iconographie byzantine et qui figure déjà sur les petites mosaïques du baptistère des Orthodoxes à Ravenne. C'est donc bien à l'école ravennate du VIe siècle qu'il faut rattacher cette œuvre.

L'art byzantin connaît aussi d'autres motifs symboliques. La « fontaine de vie » à laquelle les animaux se désaltèrent est représentée sur un bas-relief, aujourd'hui à Berlin, mais qui provient de Venise et que l'on peut dater du VIe siècle[1]. C'est sans doute à cette époque qu'appartient le magnifique parapet de la façade méridionale de Saint-Marc, orné de deux griffons ailés affrontés autour d'un calice. Les deux animaux posent une patte sur le bord du vase et la franchise du dessin, l'exactitude des détails révèlent un talent d'animalier qui n'est pas indigne des anciennes traditions de l'art oriental. C'est sans doute quelque étoffe persane qui a servi de modèle; mais la sobriété avec laquelle le sujet est traité, l'élégance des deux rinceaux de vignes qui s'entre-croisent en sortant du calice pour projeter leurs enroulements dans les angles, enfin le style presque naturaliste des feuilles de vigne permettent de distinguer dans cette œuvre la survivance des plus belles traditions de l'art hellénistique. On remarquera aussi que, par une hardiesse inconnue dans les œuvres du moyen âge, les détails débordent le

[1] Strzygowski, *Rœmische Mitteilungen*, XVIII, 193.

cadre d'ailleurs très simple au milieu duquel le sujet est placé (pl. XXI, fig. 1).

On peut rapprocher de cette œuvre les quatre parapets, encore en place, qui forment les murs d'appui de l'iconostase de la basilique de Torcello. Les mêmes sujets sont répétés à droite et à gauche de la porte. L'un représente les deux paons buvant dans un calice placé au-dessus d'une colonne à fût octogonal; les vides sont remplis par des feuilles d'acanthe droites dans des enroulements; une large bordure de rosettes placées au milieu de cercles semble copiée sur quelque cassette d'ivoire. Sur l'autre deux petits lions à large mufle sont assis, la queue entre les jambes au pied de l'arbre persan terminé par une paire d'aile, avec des branches qui remplissent le champ d'enroulements de feuilles d'acanthe au milieu desquels se jouent des animaux, lièvres et oiseaux; une double bordure d'oves et de feuilles déchiquetées forme le cadre. Ces sculptures sont inférieures par leur dessin au bas-relief de Venise; elles paraissent dater d'une époque postérieure et comme elles semblent avoir été exécutées spécialement pour la destination qu'elles ont encore, il se peut qu'elles soient contemporaines de la basilique reconstruite en 864. Le motif des paons apparaît à la même époque sur un bas-relief trouvé à Thèbes[1].

Nous avons déjà vu par des exemples tirés de la sculpture-broderie qu'un nouveau courant d'influences orientales envahit la Grèce au moment de la querelle des images. Les vieux sujets symboliques des premiers temps de l'art chrétien sont alors remplacés par une faune nouvelle, d'un caractère purement décoratif et profane dont les étoffes persanes et musulmanes fournissent les modèles. Plusieurs de ces tissus, nous le savons, furent littéralement copiés par les sculpteurs avec tous les détails de leur technique; à d'autres au contraire on demanda seulement les sujets qui furent rendus suivant les procédés de la sculpture en méplat. Cette invasion de la faune orientale dans l'art a été constatée dans l'Italie méridionale au milieu du IXe siècle, ainsi que le prouve le fameux calendrier de Naples exécuté en 850[2]. C'est à la même époque qu'appartiennent les animaux fantastiques des bas-reliefs de la Petite Métropole d'Athènes ou de la salle byzantine du Theseion ainsi que

[1] STRZYGOWSKI, *B.Z.*, 1894, pl. III, 1.
[2] BERTAUX, *Art byzantin dans l'Italie mérid.*, p. 76 et suiv.

Fig. 1. — Venise, façade méridionale de Saint-Marc. Bas-relief des griffons.

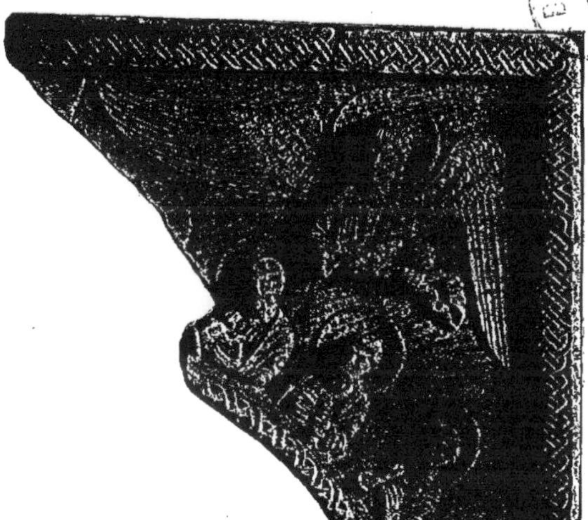

Fig. 2. — Musée Impérial Ottoman. Fragment de ciborium. La Cène.

les quadrupèdes ailés qui ornent au milieu d'enroulements l'abside de l'église de Skripiou en Béotie, datée de 874 [1]. Il y a là une concordance de faits qu'il est impossible de nier et qui prouve un renouvellement du décor byzantin dans un sens à la fois profane et oriental. Les dalles si curieuses du Musée du Théseion qui montrent des oiseaux détournant la tête de chaque côté d'une tige à pomme de pin, et des croix pattées, accostées de lions et de sphinx, sont un témoignage de cette transformation; elles montrent d'ailleurs que la copie n'était pas toujours exacte, puisque l'on glissait des motifs chrétiens au milieu de cette faune empruntée à l'Orient.

Peut-être convient-il aussi de rattacher à ce mouvement d'art profane les curieux reliefs à représentations mythologiques qui sont restés jusqu'ici une énigme dans l'histoire de l'art byzantin et que l'on peut rapprocher des cassettes d'ivoire ornées des mêmes sujets. Quelques-unes de ces œuvres sont célèbres. On connaît les bas-reliefs conservés à la façade de Saint-Marc de Venise : deux fragments des Travaux d'Hercule, Hercule et le sanglier d'Erymanthe du côté de la place Saint-Marc, Hercule portant la biche du Ménale et cherchant à étouffer l'hydre de Lerne, peuvent avoir fait partie d'un ensemble; à la façade nord le sujet, si souvent reproduit au moyen âge de l'Ascension d'Alexandre enlevé sur un char attelé de griffons. Pour cette dernière œuvre on peut poser un « terminus post quem », puisque lorsque la pierre fut enlevée au moment d'une réparation en 1865, on s'aperçut que le revers était orné d'une sculpture représentant le motif des paons affrontés [2]. L'Ascension d'Alexandre ne paraît donc pas plus ancienne que le IXe siècle. On peut rapprocher de ces œuvres le bas-relief, bien connu aussi, de Torcello, figurant la fuite du Temps sur une roue ailée, ainsi qu'une sculpture de Berlin représentant un guerrier et un homme à tête d'animal [3] (il s'agit peut-être d'un combat de gladiateurs analogue à ceux qui se voient parmi les fresques de Sainte-Sophie de Kiev) [4]. Il faut y joindre deux dalles sculptées de la salle byzantine du Theseion à Athènes. Un fragment mutilé montre l'avant-corps d'un centaure à la tête large, encadrée de deux touffes de cheveux et jouant d'une sorte de viole (s'agit-il de

[1] STRZYGOWSKI, *B.Z.*, 1894, pl. II, 5.
[2] BOITO, p. 549.
[3] STRZYGOWSKI, *Iahrb. d. preuss. Kunstsamml.*, 1898.
[4] SCHLUMBERGER, *Épopée byzantine*, III, 753.

l'éducation d'Achille par Chiron? Une figurine peu reconnaissable est à ses pieds). Sur une autre dalle, de chaque côté d'un arbre, autour duquel s'enroule un serpent, sont placés un sphinx imberbe coiffé d'un diadème, tenant une fleur et un guerrier couvert d'une cotte de mailles, levant d'une main son épée et tenant de l'autre un bouclier triangulaire. Le sujet d'Œdipe tuant le sphinx paraît tout indiqué.

Ce ne sont là que quelques débris, mais ils suffisent à nous révéler un aspect mal connu jusqu'ici de l'art byzantin; ils montrent d'ailleurs que la tradition hellénistique n'avait pas entièrement péri. On peut se demander maintenant comment ce goût pour la mythologie grecque a pu se concilier à la même époque avec la recherche passionnée des motifs de la faune orientale. Mais la contradiction entre ces deux tendances n'est pas si grande qu'elle le paraît. On sait que les empereurs iconoclastes s'attaquèrent avec acharnement à l'iconographie religieuse et qu'ils tentèrent d'en faire disparaître jusqu'au souvenir; mais, s'ils condamnaient les images, ils éprouvaient le besoin de combler les vides que leur destruction allait produire sur les murs des églises et des palais. De là vint leur goût pour des sujets franchement profanes et dénués de toute signification religieuse. A l'église des Blachernes, Constantin V fit peindre « des arbres, des oiseaux et des animaux sauvages », tandis que des grues, des corneilles et des paons se jouaient dans des enroulements de lierre[1]; sur le Forum Augustæon le portrait d'un aurige favori remplaça la représentation des six conciles œcuméniques[2]. De même au IXe siècle, l'empereur Théophile reprit la même tentative et fit peindre dans les églises des paysages au milieu desquels se jouait tout un monde d'oiseaux[3]. Rien n'empêche de supposer qu'au cours de cette recherche de motifs nouveaux pour remplacer les icones, on n'ait pas songé à utiliser les monuments païens dont les places et les édifices de Constantinople devaient offrir de si nombreux spécimens. L'imitation de l'art oriental et le retour aux motifs mythologiques procèdent donc du même esprit. On sait d'autre part avec quelle lenteur les goûts se modifient en matière artistique : il n'est donc pas surprenant que ces motifs, une fois acclimatés dans l'art byzantin,

(1) *Vie de saint Étienne le Jeune*, *Pat. Gr.*, C. 1112-1113.
(2) *Vie de saint Étienne le Jeune*, *Pat. Gr.*, C. 1120.
(3) *Contin. Theoph.*, *Pat. Gr.*, C. IX, 113.

aient survécu au rétablissement des images. Bien plus si l'iconographie, comme nous allons le voir, reprit sa place dans la sculpture, rien ne s'opposait à ce qu'elle coexistât avec le nouvel art décoratif. Le concile de Nicée en 787 et le rétablissement définitif des images en 842 n'ont pas été suivis d'une réaction dans l'art et les modes nouvelles, créées par la volonté des iconoclastes, ont continué à faire sentir leur influence.

Enfin il subsiste une seule épave qui suffit cependant à nous révéler dans l'art byzantin l'existence de sculptures historiques d'un caractère profane. C'est le médaillon encastré dans le mur d'une maison de Campo Angarano à Venise[1] et qui représente sur un fond de croisettes concentriques un empereur byzantin tenant le labarum et le globe crucigère. Les détails du diadème et du costume, plaqué de bandes de broderies ornées de cabochons, concordent bien avec les effigies impériales des monnaies du xe au xiie siècle. Il est impossible de préciser davantage, mais on ne peut douter que ce bas-relief ait fait partie d'un ensemble qui ornait sans doute un palais de Constantinople.

Bien qu'un peu plus nombreux, les bas-reliefs à sujets iconographiques ne représentent cependant qu'une faible partie des œuvres de sculpture religieuse. Nous avons vu déjà que l'Église grecque avait admis sur les chapiteaux l'icone en haut-relief; si l'on considère d'ailleurs le nombre incalculable d'ivoires sculptés à toute époque qui nous sont parvenus, on ne s'explique guère que cette Église qui admettait les scènes religieuses sur les ivoires, sur les plaques de stéatite et même sur les pierres lithographiques[2], ait condamné leur exécution sur la pierre ou sur le marbre. On retrouve dans les quelques fragments de cette sculpture qui subsistent encore tous les détails des compositions iconographiques en mosaïque ou en peinture.

L'Ancien Testament est représenté d'abord par la frise sculptée sous l'arcade du portail méridional de Sainte-Sophie de Trébizonde. On y voit toute l'histoire d'Adam et d'Ève; les figures sont sculptées d'une manière très sommaire dans une sorte de grès jaune[3]. Le Musée de Berlin possède depuis 1880 une dalle qui provient des

[1] Schlumberger, *B. Z.*, II, p. 192.

[2] Trésor de la cathédrale de Tolède. Schlumberger, *Épopée byzantine*, I, 465.

[3] Millet, *B.C.H.*, 1895, p. 457.

murailles de Constantinople et qui a pour sujet la vocation de Moïse. Au Musée Impérial Ottoman le scène des trois Hébreux dans la fournaise figure sur une pierre calcaire [1]; le relief est très faible. Il en est de même du panneau de marbre qui représente Daniel entre les lions; le sujet même et l'encadrement des rais de cœur indiquent une œuvre voisine du ve ou du vi^e siècle. La figure de Daniel est très barbare; il porte la tunique, la chlamyde et le bonnet phrygien; sa tête est plus large que longue; son attitude est celle de l'orant. A droite une lionne, la queue relevée, lui lèche les pieds; le geste est plein de naturel. A gauche on aperçoit un lion à longue crinière et un ange [2]. Le même sujet se trouve au Musée du Louvre sur une plaque de la collection Parent, qui fut rapportée de Crimée en 1856; une plaque analogue bordée d'oves et de perles montre Jonas vomi par la baleine [3].

Parmi les sculptures consacrées au Nouveau Testament il faut signaler le fragment de ciborium du Musée Impérial Ottoman sur lequel était représentée la Cène [4]. Dans l'angle bordé d'une tresse apparaît un ange nimbé aux ailes éployées portant le globe d'une main et bénissant de l'autre (pl. XXI, fig. 2). L'arcade bordée aussi d'une tresse figurait la table en sigma autour de laquelle étaient assis le Christ et les Apôtres. Il ne subsiste plus que les bustes de trois apôtres; leur tête barbue se détache sur le nimbe; deux portent à la main le « volumen »; un troisième tient un livre. Les plis des vêtements sont indiqués par des sillons assez sommaires; les têtes sont bien proportionnées et les figures expressives. La longue chevelure de l'ange est rattachée par une bandelette. L'aspect général de l'œuvre est celui de certains ivoires du xie siècle et il ne nous semble pas possible de faire remonter cette sculpture beaucoup plus haut.

Des panneaux sculptés qui ont déjà soulevé beaucoup de discussions [5] se trouvent actuellement au Theseion d'Athènes. Deux d'entre eux représentent la Nativité. Sur le premier on voit la Vierge étendue sur un lit arrondi; au-dessus d'elle est l'Enfant emmailloté par des bandelettes et plus haut apparaissent le bœuf

[1] Munoz, *N.B. di Arch.*, 1906, p. 112, fig. 1.
[2] M.I.O., n° 2157.
[3] Michon, *Bullet. des Antiq. de France*, 1900, p. 157.
[4] M.I.O., n° 490.
[5] Strzygowski, *B.Z.*, IV, 604.

Fig. 1. — Athènes, Theseion. La Nativité.

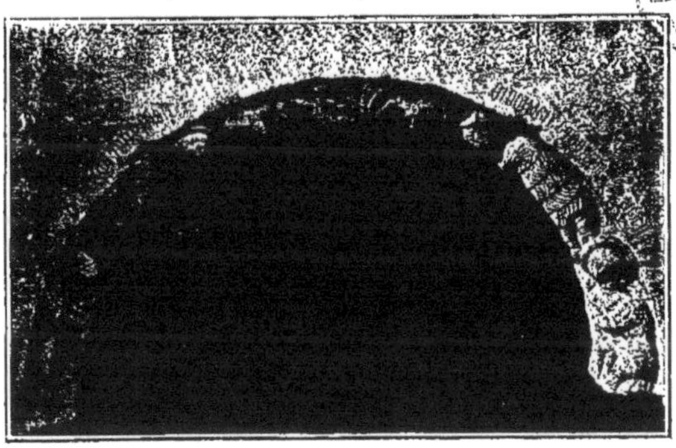

Fig. 2. — Athènes, Theseion. Fragment de ciborium.

et l'âne. L'autre était formé de deux registres (pl. XXII, fig. 1) : dans le bas on aperçoit l'Enfant, couché sur un lit massif reposant sur deux pieds inégaux; l'âne et le bœuf, représentés de profil et en perspective, viennent le lécher; le tableau est complété par deux arbres nains comme on en trouve souvent sur les mosaïques, à gauche un palmier, à droite un olivier. Du registre supérieur on ne voit que le bas, où l'on distingue les deux pieds d'un personnage à longue robe et les pattes d'un animal : ce sont les éléments de la Fuite en Égypte. Sur la première plaque on lit l'inscription : Η ΧΥ Γ(ε)ΝΝΗϹΙϹ (ἡ κυρίου γέννησις). La même collection renferme trois fragments remarquables de ciboriums. Sur l'un est figuré le sujet, si caractéristique de l'iconographie byzantine, de la descente aux limbes ou Anastasis. Le Christ au nimbe crucifère occupe tout le sommet de l'arc et saisit de la main droite Adam à la tête nimbée. Sur un autre l'ange annonce aux bergers la naissance du Sauveur : le haut de l'arc est occupé par trois boucs au milieu des feuillages; à gauche sont un ange aux ailes éployées et, au-dessous, deux figures qui d'après l'inscription représentent les mages; à droite un berger vêtu d'une peau de mouton et au-dessous de lui saint Joseph assis et accoudé, avec l'attitude qu'il a toujours dans la scène la Nativité (pl. XXII, fig. 2). Des inscriptions aux lettres longues et grêles indiquent les sujets : ΟΙ ΜΑΓΙ ΤΑ ΔΩΡΑ — ΟΙ ΑΓΓΕΛΟΙ ΤΟΝ ΥΜΝΟΝ — ΟΙ ΠΟΙΜΕΝΕϹ ΤΟ ΘΑΥΜΑ — ΙΩϹΗΦ. Plusieurs ligatures, notamment des deux γ (αγγελοι), de l'μ et de l'ν (ὕμνον) de l'α et de l'υ (θαῦμα), indiquent une époque assez basse. Sur un troisième fragment, des prophètes nimbés tenant des phylactères sont disposés en long, couchés dans l'intérieur de l'arcade de la même manière que les personnages de certains portails romans poitevins[1], ou que les chœurs d'anges dans les voussures des portails gothiques. L'un d'eux, au sommet de l'arc, semble sortir d'une construction en grand appareil. Leurs noms sont donnés par des inscriptions dans lesquelles on remarque des ligatures semblables à celles de l'inscription précédente : Ο ΠΡΟΦΗΤΗϹ ϹΟΛΟΜΟΝ — Ο ΠΡΟΦΗΤΗϹ ΔΑΕΗΔ (Δαβίδ). — Ο ΑΠΟϹ[τολος] ΙΩ[αννης] Ο ΠΡ[ο] ΔΡ[ο]ΜΟϹ

Les inscription suffisent à mettre hors de doute le caractère byzan-

[1] Église de Fontaine (Charente-Inférieure), *B. A. C. T. H.*, 1910, pl. XV. — Angers, ancien cloître de Saint-Aubin (Vuitry, pl. XXII, 5).

tin de ces œuvres qui semblent bien appartenir à la même époque. D'autre part le costume des prophètes avec leur couronne, la scène de l'Anastasis, les détails mêmes de la Nativité sont bien conformes au canon de l'iconographie byzantine. La croix à double traverse de l'Anastasis se retrouve sur la mosaïque de Daphni qui représente le même sujet. C'est aussi partout la même technique assez grossière, des têtes trop grosses ou trop petites et une perspective enfantine obtenue par la superposition des plans. M. Strzygowski [1] considérait ces œuvres comme néo-hellènes et y voyait l'influence de la conquête latine. Son principal argument était que rien de pareil ne se rencontre dans l'art byzantin. Mais ce qui pouvait paraître vrai en 1895 est aujourd'hui contestable; on a la preuve matérielle que les églises grecques ont connu la représentation iconographique sculptée, tout au moins sur leur mobilier (ambons, parapets, etc.). D'autre part nous l'avons vu, c'est justement depuis la conquête turque que l'Église grecque repousse la sculpture. Enfin si des artistes occidentaux en étaient les auteurs, il est infiniment probable qu'ils les auraient exécutées suivant les traditions de l'iconographie latine. Il paraît donc impossible de rajeunir outre mesure les sculptures iconographiques du Theseion; en admettant même qu'elles soient postérieures à la conquête de 1204, elles n'en relèvent pas moins de l'art byzantin. Elles proviennent certainement d'une des nombreuses églises athéniennes du moyen âge.

A la même inspiration appartient un bas-relief de la collection chrétienne du Musée National d'Athènes (haut., 1 m. 20). Il représente le Prodrome, habillé d'une peau de brebis, la chevelure et la barbe hirsutes, la main droite levée tandis que la gauche tient un phylactère relevé par le vent; deux touffes d'herbage à droite et à gauche indiquent le désert et c'est bien de la prédication de saint Jean qu'il s'agit comme l'indique l'inscription empruntée au verset de saint Mathieu : METANO | [εῖτε ἤγγι] | KE[ν γὰ] P H | BACIΛEIA TΩN Y | PANΩ[ν] [2]. De plus saint Jean-Baptiste porte deux ailes attachées derrière le dos, symbole probable de la mission divine qui lui a été confiée.

A côté de ces compositions l'art byzantin connaît aussi les icones proprement dites exécutées en sculpture et destinées à être, comme

[1] Art. cité.
[2] Matth., III, 2.

Fig. 1. — Venise, Saint-Marc. Bas-relief de saint Georges.

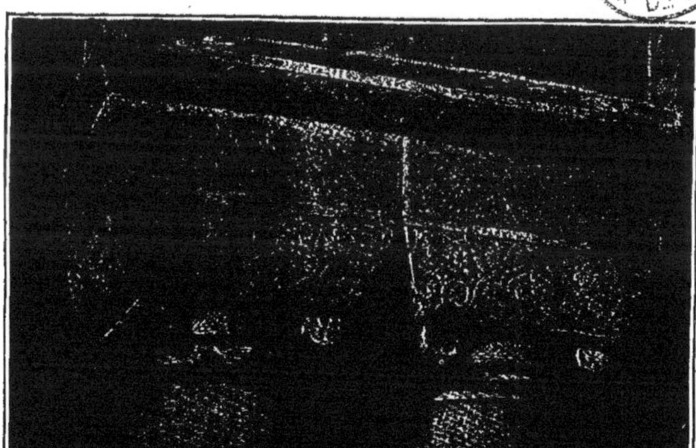

Fig. 2. — Venise, nef de Saint-Marc. Chapiteaux champlevés.

les images peintes, l'objet de la vénération des fidèles. On connaît depuis longtemps la belle Panagia conservée à Ravenne à Santa-Maria in Porto [1] : elle reproduit exactement les Vierges orantes exécutées en mosaïque dans la conque de l'abside principale des églises grecques et elle ne paraît pas antérieure au XIe siècle. Une Vierge analogue figure à Athènes sur une des dalles sculptées du Theseion et l'on voit à Saint-Marc de Venise deux madones du même genre, l'une à la façade ouest, l'autre près du portail de la façade nord, représentée entre deux anges. A Saint-Marc aussi, dans la chapelle du cardinal Zeno (transept nord), l'autel est surmonté d'une Vierge assise sur un trône à haut dossier et garni d'un coussin brodé; elle penche la tête avec amour vers l'Enfant Jésus qui, debout sur son genou droit, appuie sa tête contre la sienne et cherche à la caresser. Deux bustes d'anges surmontent le trône et une inscription grecque [2] nous apprend que l'œuvre a été dédiée par un empereur Michel et une impératrice Irène. On ne sait auquel des empereurs de ce nom il faut l'attribuer, mais la sculpture paraît se rapprocher de celle des plus beaux ivoires du XIe ou du XIIe siècle. L'attitude est pleine de grâce et de naturel et nous avons vu déjà que cette expression de la tendresse maternelle n'est pas inconnue à l'art byzantin [3]. Un buste en bas-relief de la Madone élevant l'Enfant à la hauteur de sa joue est conservé à la cathédrale de Trani et celui-là est bien daté par l'inscription au nom de Delterios, turmarque de Bari en 1039 [4]. Les Madones de Ravenne, de Venise et d'Athènes paraissent être du même temps.

Des effigies d'anges et de saints conservées aussi à Saint-Marc de Venise doivent être restituées à l'art byzantin qui les a produites. A la façade principale, de chaque côté du grand portail, sont les bas-reliefs bien connus de saint Georges et de saint Démétrius (pl. XXIII, fig. 1). Tous deux sont assis sur un pliant en forme d'X et recouvert d'un coussin : les pieds entourés de bandelettes

(1) Bayet, *Art byzantin*, p. 187, fig. 60.

(2) *Corp. Inscript. Græc.*, IV, n° 8706. — Une autre madone sculptée, dont les vêtements sont ornés de croix comme à Ravenne, mais de facture plus grossière, a été signalée par M. Perdrizet à Serrès (Macédoine). *Monuments Piot*, X, 1903, p. 136-137.

(3) Voir plus haut, p. 38-40.

(4) Schlumberger, *Épopée byzantine*, III, p. 253. Il est d'une facture plus grossière.

ils portent par-dessus la tunique courte la « lorica » romaine et, dressant leur tête juvénile, ils tirent à moitié l'épée du fourreau qu'ils ont saisi. Venturi suppose [1] que les inscriptions latines actuelles ont remplacé des caractères grecs. En admettant même, ce qui est probable, que ces inscriptions soient dues à l'auteur de ces sculptures, elles n'en appartiennent pas moins à l'école byzantine qui a adopté, sinon créé, ce type des saints militaires si souvent reproduits sur les mosaïques ou les ivoires. Il se peut que ces œuvres aient été exécutées au XIe siècle dans l'Italie méridionale, où il arrive que des œuvres de style byzantin soient revêtues d'inscriptions latines [2]. Le bas-relief de l'ange Gabriel, placé entre les deux portails sud, appartient à la même école. Par leur style ces morceaux comptent parmi les plus beaux qu'ait produits la sculpture byzantine. Ils sont très supérieurs aux portraits de saint Georges et de saint Démétrius trouvés à Cherson sur une plaque de schiste noir [3] et que l'on attribue au Xe siècle. Il faut citer encore à Saint-Marc un ange tenant le sceptre et le globe impérial, encastré dans le mur à droite de la chapelle Saint-Zénon. Au Theseion d'Athènes un bas-relief mutilé représente probablement un personnage ecclésiastique, comme l'indiquent l'écharpe croisée sur la poitrine et la croix de Malte placée sous le bras gauche.

Le Christ de majesté lui-même, bénissant de la main droite et tenant le livre des Évangiles de la main gauche, est représenté sur un bas-relief de Serrés (Macédoine) [4]. Il figure aussi au-dessus des curieuses arcades conservées dans le bas côté sud de Kahrié-Djami et provenant, d'après l'inscription, d'un monument funéraire de Michel Tornikes, grand connétable et parent de l'empereur Andronic II (1282-1328). D'après la forme des deux arcades ce monument devait présenter l'aspect d'un ciborium supporté par des colonnes, sous lequel se trouvait probablement le sarcophage. Ces vestiges présentent un grand intérêt, puisque, les sarcophages de Sainte-Irène exceptés, nous ne possédons pas d'autre reste de l'art funéraire des Byzantins; ils nous permettent de conclure qu'au début du XIVe siècle cet art était aussi développé à Constantinople

(1) Venturi, II, p. 529-530.

(2) Diehl, *Art byzantin dans l'Italie méridionale*, p. 163 (la différence des langues n'est pas toujours le signe d'une différence d'écoles).

(3) Schlumberger, *Épopée byzantine*, I, 13.

(4) Perdrizet, *Monuments Piot*, X, 1903, p. 136-137.

qu'en Occident et empruntait ses motifs de décoration à la sculpture. La disposition ne devait pas être très différente de celle des tombeaux placés sous les tabernacles de nos églises gothiques (sépultures d'Othon de Grandson à Lausanne, de Jean XXII à Avignon, etc.). La principale divergence devait être l'absence de statue tombale sur les sarcophages byzantins. Les deux arcades de Kahrié-Djami sont ornées à la clef d'un buste du Christ, tandis que des anges aux ailes éployées garnissent les écoinçons; l'arcade est bordée de feuilles d'acanthe aux bords relevés et l'on s'était servi de la couleur pour rehausser la sculpture : des rinceaux d'or s'enlèvent sur un fond bleu [1]. On peut rapprocher de ces œuvres les sculptures qui couvrent des linteaux de marbre placés de chaque côté de l'abside de Kalender-Djami à Constantinople; elles sont très mutilées, mais laissent deviner à gauche les bustes des personnages de la Déisis, à droite la scène de l'Hétimasia [2]. Un Christ de majesté assis sous un portique, mais qui se rattache par sa technique à la gravure sur pierre, se voit encore au Musée de Mistra [3].

Ces exemples suffisent à montrer que, si elle n'eut dans les églises byzantines qu'un rôle restreint, la sculpture iconographique n'en était pas entièrement absente et reproduisait les mêmes sujets que les mosaïques ou les ivoires. Le baptistère des Orthodoxes à Ravenne garde encore un ensemble presque unique de décoration iconographique en sculpture datant du ve siècle. Chaque fenêtre y est accostée de panneaux en stuc qui représentent des prophètes déroulant des phylactères sous des portiques à colonnes, ornés alternativement de pleins cintres et de frontons aigus. Au-dessus d'eux une petite scène symbolique ou iconographique est traitée aussi en stuc. On y voit des oiseaux becquetant des fruits dans une corbeille, le Christ donnant la Loi à saint Pierre et une représentation, très rare dans l'iconographie chrétienne, du Christ guerrier, dont un exemple a été signalé sur une châsse belge du xie siècle [4]. Le Christ de Ravenne, comme celui de Visé, porte le livre à la main et foule au pied l'aspic et le basilic, mais il est vêtu d'une

[1] Schmitt, *Kahrié-Djami* (*Bull. Instit. Archéol. russe*, XI, 1906, atlas, pl. LXXXIII-LXXXIV).

[2] Ebersolt, *Rev. Archéol.*, 4e s., XIV, p. 22.

[3] Millet, *Monuments de Mistra*, LI, 11.

[4] *Mélanges Godefroy Kurth*, Liège, 1908, II, p. 103.

simple tunique courte, il est imberbe et n'a d'autre arme que sa croix sur l'épaule; sa tête n'est pas entourée du nimbe, mais les deux monstres placés sous ses pieds prouvent assez qu'il s'agit du Christ. Cet ensemble iconographique de Ravenne n'a pas été un fait isolé dans l'art byzantin; les dates des fragments que nous avons étudiés, et qui s'échelonnent entre le VIe et le XIVe siècle, montrent que cet art est toujours resté, dans une certaine mesure, fidèle à ce système de décoration.

La technique du méplat a régné aussi en Occident, surtout à l'époque barbare; à partir de la fin du XIe siècle son rôle s'amoindrit devant la renaissance du modelage. Il paraît d'ailleurs impossible de rattacher le méplat occidental à une influence byzantine; s'il a pu se produire quelques échanges entre les deux écoles, elles n'ont modifié en rien leur développement particulier.

VI. SCULPTURE CHAMPLEVÉE.

Dans la sculpture champlevée les contours des motifs sont réservés sur un fond qui a été légèrement creusé, puis rempli d'un mastic sombre sur lequel les sujets s'enlèvent en clair. La technique est exactement la même que celle des émaux champlevés, rhénans ou limousins, mais nous ne pouvons ici que constater cette ressemblance sans chercher à l'expliquer. La sculpture champlevée peut être considérée comme l'aboutissement logique de la tendance qui poussait la sculpture orientale à renoncer au modelage pour obtenir l'effet de relief et à lui substituer le contraste entre l'éclairage des motifs et celui du fond. Elle procède donc de la même inspiration que la sculpture au trépan, la sculpture-broderie ou la sculpture à jour. Elle est la négation même de la plastique de l'antiquité, bien qu'elle cherche à produire les mêmes effets par le trompe-l'œil. Elle ne tient plus à peu près aucun compte du modelé et remplace la représentation des objets par celle de leur silhouette; elle traite en un mot l'ornement sculpté comme un motif de tapisserie; elle représente l'absorption définitive de la technique de la sculpture par celle des tissus.

La sculpture champlevée est à peu près la seule que connaisse l'art musulman, mais nous allons la voir représentée aussi dans l'art byzantin et dans l'art occidental.

Une des premières formes de cette sculpture, qui ne paraît pas avoir été signalée jusqu'ici, se trouve conservée à la cathédrale de Ravenne, au milieu des débris qui proviennent de la basilica Ursiana. Sur une plaque de marbre des rinceaux plats sont découpés en réserve et dans les intervalles on avait placé des cubes de mosaïque bleus, rouges et verts, dont on voit encore des traces notables. C'est sur ce fond bigarré que se détachaient les motifs : des rinceaux symétriques à feuilles cordiformes partaient d'une tige commune et dans leurs enroulements on voyait des cerfs et des oiseaux. Des bas-reliefs encadrés de mosaïques ont été signalés sur une balustrade de Sainte-Lucie de Gaéte[1], mais on ne voit pas de monument dont la technique soit comparable à celle de Ravenne. Cette œuvre curieuse serait un débris du pavement de la basilica Ursiana et, d'après son ornementation, elle peut bien remonter au ve siècle. Elle constitue un cas à peu près unique, car il faut franchir plusieurs siècles pour retrouver la sculpture champlevée dans l'art byzantin.

C'est en effet après la querelle des images, au moment où l'art byzantin se renouvelle par de nouveaux apports orientaux, que cette technique apparaît dans la sculpture. On en trouve des exemples à Athènes aux façades de l'église des Saints-Théodores; au sud et à l'ouest, on voit une frise ornée de rinceaux, d'oiseaux, d'arabesques dont les contours sont obtenus par le simple ravalement du fond. Le mastic qui devait remplir les intervalles a disparu.

Le procédé apparaît dans tout son éclat au xie siècle, à Daphni, à Monemvasia, à Saint-Luc en Phocide, à Saint-Marc de Venise. L'église de Daphni a conservé la corniche en marbre blanc qui orne la base de la coupole et une frise qui court autour de l'église au niveau de l'appui des fenêtres. Des palmettes, des étoiles, des rinceaux, deux gros oiseaux de chaque côté de l'arc triomphal forment les motifs de ce décor et se détachent sur un fond brun obtenu avec de la cire rouge et du marbre pilé[2]. Il en est de même à Saint-Marc où le système a été appliqué en grand. Sur les façades, en effet, les tailloirs carrés qui couvrent les chapiteaux remployés sont ornés d'une rangée de feuilles de vigne aux contours assez mous et reliées par des tiges en accolade. Ces motifs exécutés en marbre

[1] Schlumberger, *Épopée byzantine*, II, p. 269.
[2] Millet, *Daphni*, p. 65.

blanc se détachent sur un fond de mastic brun et forment souvent une corniche continue surmontée d'un rang de billettes au-dessus des colonnes placées entre les portails. A l'intérieur règnent les mêmes corniches et les mêmes tailloirs carrés : parfois, comme sur les gros chapiteaux de la nef, les feuilles de vignes forment deux rangs et leurs pointes sont alternativement opposées. Bien plus des chapiteaux entiers ont été ornés de cette manière : on en trouve quatorze au premier étage du grand portail, huit à l'intérieur, dans la première travée ouest, six dans les tribunes, de chaque côté de l'abside. Chacun de ces vingt-huit chapiteaux se compose d'une basse corbeille ionique; la tranche des volutes n'a même pas été arrondie. Au-dessus (pl. XXIII, fig. 2) règne une lourde imposte, composée d'un tronc de pyramide renversé et d'un large tailloir carré; plus haut une corniche forme un second tailloir et réunit les chapiteaux deux à deux. Tout cet ensemble est entièrement lisse et décoré de motifs champlevés qui s'enlèvent sur le fond brun. La corbeille ronde est garnie d'une tresse, les tranches des volutes de zigzags et leurs têtes de fleurons. Sur les impostes des rinceaux de feuilles de vigne sortant d'un vase forment des enroulements symétriques. Le même feuillage répété dans un zigzag et placé alternativement au-dessus et au-dessous d'une tige ondulée orne le tailloir et la corniche. La ressemblance entre cette technique et celle des églises grecques montre assez que ce décor est dû à des artistes élevés à l'école byzantine. Il en est de même du trône de l'archevêque Hélie à Saint-Nicolas de Bari[1], exécuté en 1098; ses montants sont garnis de rinceaux et de silhouettes d'hommes et d'animaux réservés sur un fond de mastic coloré.

Une fois introduite dans l'art byzantin, la technique champlevée s'y maintint jusqu'au XVe siècle et l'on en voit encore des spécimens dans certains monuments de Mistra[2].

Dans l'art occidental la sculpture champlevée apparaît au IXe siècle en Espagne, probablement sous l'influence musulmane. Un portail de San Miguel de Linio (Asturies), daté de 848, a des jambages ornés de plusieurs zones de sculptures, séparées par des bandes

(1) Bertaux, *Art byzantin dans l'Italie méridion.*, p. 446-447.

(2) Millet, *Monument de Mistra*, XXX, 2 (armoiries), XLIX, 2 (ascension d'Alexandre).

d'imbrications que limitent des câbles. Les personnages y sont traités en silhouettes [1]. C'est aussi de la technique arabe que relèvent plusieurs portes en bois ornées de sculptures champlevées accompagnées d'imitations des caractères coufiques. On les trouve dans l'Italie méridionale [2] et dans le midi de la France [3]. Ce sont là des exemples isolés. Si la technique en méplat domine l'art occidental aux premiers siècles du moyen âge, elle a rarement le caractère de la sculpture champlevée proprement dite. La seule technique occidentale qui se rapproche de cette méthode, mais en suivant l'ordre inverse, est celle des incrustations que l'on trouve dans les cathédrales de Lyon et de Vienne [4]. Ici c'est le fond de marbre qui est réservé et dans les parties ravalées on a coulé du ciment coloré pour représenter des motifs de tout genre. Quant aux incrustations proprement dites, mosaïques de marbre, mélange de tuiles, de pierres de couleurs et parfois de pâtes de verre que l'on rencontre aussi bien dans les monuments byzantins qu'en Occident, elles produisent, il est vrai, un effet peu différent de la technique champlevée, mais elles ne relèvent pas de la sculpture.

VII. GRAVURE SUR PIERRE.

La gravure sur pierre est le degré le plus humble auquel soit descendue la sculpture. C'est un simple dessin tracé en creux sur la pierre. Elle représente une régression vers l'art des temps primitifs : aussi ne la trouve-t-on que sur des œuvres d'un caractère populaire ou barbare. Tel est l'ornement d'un certain nombre de sarcophages d'époque mérovingienne dont les dessins, une fois tracés, étaient repris au minium comme les inscriptions [5]. L'art byzantin connaît aussi cette technique : c'est celle d'une plaque de marbre du Musée Impérial Ottoman où sont figurés en pied trois personnages nimbés, une madone tenant l'Enfant entre deux

[1] Lampérez, p. 273, fig. 152.

[2] Bertaux, p. 556 (Santa Maria in Cellis, près Caroli, Abruzzes).

[3] Le Puy (Haute-Loire), Champagne (Ardèche).

[4] Bégule, *Les incrustations décoratives des cathédrales de Lyon et de Vienne*, Lyon, 1905.

[5] Tombeau de saint Léonien à Vienne, sarcophage de Charenton-sur-Cher, etc. Voir Le Blant, *Sarcophages de la Gaule*, p. 148, pl. LVII.

saints[1], un évêque et un higoumène. Le modèle est rendu aussi par des traits incisés qui dessinent les plis des draperies : seules les têtes sont légèrement en relief. Cette œuvre peut être contemporaine du Christ de majesté du Musée de Mistra[2] exécuté au xive siècle et dont la sculpture tient aussi le milieu entre la technique champlevée et la simple gravure. D'autres fragments du même genre représentant des scènes de l'histoire évangélique ont été découverts en Crimée[3]; ceux qui ont été signalés à l'église Saint-Eugène de Trébizonde[4] ou au Musée de Brousse[5], ont au contraire un caractère purement décoratif. La plupart de ces œuvres paraissent être des icones d'un caractère populaire.

CONCLUSION.

Nous pouvons essayer maintenant de déterminer le caractère des transformations de la sculpture byzantine, tel que l'examen de ses différentes techniques nous l'a révélé. On est d'accord aujourd'hui sur la double origine, hellénistique et orientale, de cette sculpture : c'est lorsqu'il s'agit d'apprécier l'importance réciproque de ces éléments que les divergences éclatent. Pour nous, la tradition hellénistique, c'est-à-dire l'art grec transformé au contact de l'Orient dans les grandes métropoles fondées par les successeurs d'Alexandre, constitue la base même du développement de l'art byzantin. L'histoire de la sculpture nous montre tout ce qu'elle doit à cette origine : c'est grâce à elle que l'usage de la ronde bosse s'est perpétué à Constantinople longtemps après son élimination définitive de l'art oriental; c'est grâce à elle surtout, et on ne saurait trop insister sur ce point, que l'iconographie religieuse s'est maintenue jusqu'au xve siècle, non seulement dans l'art byzantin, mais dans la sculpture. L'art musulman connaît la représentation animée et même humaine : si l'on excepte la peinture, dont le sens est très

(1) M. I. O., n° 486. Voir là-dessus Muñoz, *Nuovo Bullett. di Archeol.*, 1906, p. 118.

(2) Millet, *Monuments de Mistra*, LI, 11.

(3) Michon, *Bull. des Antiquaires de France*, 1900, p. 157, 333,

(4) Millet, *B. C. H.*, 1895, p. 457.

(5) Mendel, n° 114.

douteux, de Kosseîr-Amra, il n'a jamais admis l'iconographie religieuse. C'est donc à ses antécédents hellénistiques que l'art byzantin doit son indépendance : sans eux, il ne serait qu'une école de l'art arabe.

Cependant la force de résistance de l'hellénisme ne fut point assez grande pour lui permettre de repousser victorieusement les influences étrangères qui, depuis la fin de l'antiquité, rayonnaient sans cesse des pays restés fidèles à la vieille tradition orientale, du centre de l'Asie Mineure, de la Mésopotamie, de la Perse, de l'Égypte. L'art qui se développe dans la dernière venue des grandes métropoles de l'Orient eut donc un aspect plus oriental que l'art hellénistique d'Antioche ou d'Alexandrie. Telle est la raison du caractère complexe que présente la sculpture byzantine à sa naissance; les artistes continuent à modeler des statues et composent toujours des bas-reliefs historiques, mais peu à peu la tyrannie de la mode leur impose de nouvelles techniques qui sont en contradiction avec les principes mêmes de l'art grec : produire les effets de relief en se passant du modelage, par la simple opposition des lumières et des ombres, telle est la formule de la sculpture nouvelle, telle est la raison d'être de la technique du trépan et de la sculpture à jour. L'étoffe orientale avec ses combinaisons de figures s'engendrant à l'infini, avec les dessins capricieux de sa passementerie, avec l'opposition entre les motifs et le fond qui les met en valeur, voilà quelle est désormais la principale source dont s'inspire la sculpture. Elle ne cherche plus qu'à être ornementale et à rivaliser avec les autres modes de revêtement qu'elle ne sert souvent qu'à rehausser. Tel fut le caractère du développement que prit la sculpture byzantine à partir du ve siècle, mais nous avons vu que ses œuvres ne furent pas des copies serviles des modèles orientaux. Elle perfectionna dans une large mesure les procédés qu'elle avait empruntés; elle s'en servit même pour créer des formes nouvelles et atteignit sous Justinien à une véritable originalité; jamais le procédé de la sculpture à jour ne revêtit en Orient des aspects aussi variés que ceux qu'elle prit sur les chapiteaux byzantins du vi[e] siècle, jamais elle n'y produisit des ensembles aussi grandioses que les tympans des arcades de Sainte-Sophie.

Mais une fois ces éléments nouveaux introduits dans l'art hellénistique de Constantinople, comment s'y sont-ils développés? Est-il possible de considérer l'école de sculpture byzantine comme un organisme qui, après s'être assimilé des éléments étrangers, aurait continué à vivre pendant dix siècles par la seule vertu de sa constitution ? Mais l'art ne peut se renouveler de lui-même que par son contact avec la vie et c'est cette source bienfaisante qui paraît avoir toujours fait défaut à la sculpture byzantine. Il a fallu pour la transformer une nouvelle influence extérieure et elle est encore venue d'Orient. C'est la querelle des images qui fut au VIIIe et au IXe siècle la cause de ce changement. On commence seulement à apprécier toute la place que tient dans l'histoire de l'art byzantin cette crise redoutable qui a été étudiée surtout jusqu'ici au point de vue théologique ou politique. Sa répercussion dans le développement de la sculpture fut immense. C'est à cette époque qu'on voit disparaître définitivement la statuaire byzantine, tandis que de nouvelles techniques s'implantent dans l'art[1]. Il ne suffit plus aux sculpteurs de s'inspirer des sujets traités sur les étoffes : ils s'efforcent désormais de reproduire minutieusement sur le marbre tous les détails de la fabrication des tissus. Avec la sculpture-broderie, ils adoptent la sculpture champlevée, c'est-à-dire la seule décoration plastique que connaisse l'art musulman. Les sujets changent aussi au même moment : la faune symbolique de l'art chrétien est abandonnée. A sa place se développe par la volonté des empereurs iconoclastes un art profane, destiné à leur survivre : il emprunte ses motifs, soit à la faune fantastique de l'Asie, soit même aux bas-reliefs mythologiques de la Grèce païenne. Ceux qui exécutent ces œuvres n'attachent d'ailleurs pas plus de sens aux animaux chimériques d'origine musulmane qu'aux figures de l'art antique; ils n'y voient qu'un décor élégant et leur point de vue est exclusivement celui de l'art ornemental.

Cette seconde victoire de l'Orient ne fut donc complète que dans le domaine de la technique. La statuaire ne reparut plus dans l'art byzantin : le méplat, la sculpture-broderie, la sculpture à jour, la sculpture champlevée furent désormais les seuls procédés connus. La tradition hellénique cependant ne périt pas tout entière : elle survécut dans les bas-reliefs et les sujets mythologiques; d'autre part, en sauvant l'iconographie religieuse, le triomphe des images assura sa perpétuité. Un tempérament s'établit entre l'art profane et l'art

[1] C'est au même moment que le procédé persan des trompes d'angles paraît avoir été adopté en architecture.

religieux qui gardèrent chacun leur domaine propre. Les modèles hellénistiques revivent dans les personnages des mosaïques qui décorent les églises; mais l'iconographie religieuse survécut aussi dans la sculpture et ce fut seulement après la conquête turque que l'Église grecque cessa de l'admettre. Avec des procédés techniques empruntés à l'Orient les sculpteurs byzantins ne cessèrent donc jamais de reproduire et d'interpréter des modèles helléniques.

Le développement de la sculpture occidentale a une histoire bien différente. Ses origines ne sont pas sans analogie avec celles de la sculpture byzantine, puisqu'elle dérive aussi de l'art gréco-romain, qui n'est autre en dernière analyse que l'art hellénistique. De même l'Occident a reçu au début du moyen âge un fort courant d'influences orientales qui devaient laisser une marque profonde dans toute sa culture. L'étude des monuments sculptés permet d'apprécier cette action, mais leur comparaison avec ceux de l'école byzantine nous a montré qu'elle fut exercée directement par l'Orient, sans que Constantinople ait servi d'intermédiaire. Nous avons retrouvé dans la sculpture occidentale tous les procédés qui régnaient dans l'art byzantin, mais nous avons constaté que, si les maîtres occidentaux employaient les mêmes techniques, ils ne les interprétaient pas de la même manière que les Grecs. Ni la sculpture des temps barbares, ni celle de l'époque romane ne peuvent se confondre avec la sculpture byzantine; la technique de la sculpture à jour, dont l'existence en Occident pourrait bien révéler une influence byzantine, n'y a pas reçu les mêmes applications qu'à Constantinople : ce n'est pas sur les chapiteaux, mais c'est surtout pour remplir les voussures des portails romans qu'elle est employée. En un mot l'art occidental, malgré les ressemblances qu'il présente avec l'art byzantin, malgré même les quelques emprunts qu'il a pu faire à cet art pour certains détails, a gardé toute son indépendance. Il doit son originalité à deux circonstances. D'une part il a reçu directement d'Orient et sans aucun intermédiaire les techniques et les motifs qui l'ont transformé; ces apports ont même été parfois plus abondants que ceux dont a profité l'art byzantin; on trouve en Occident, nous l'avons vu, certains motifs orientaux comme le galon perlé, qui sont restés inconnus à Constantinople. D'autre part les Occidentaux, avec leur tempérament particulier, ont réagi d'une manière plus efficace que les Grecs contre cette invasion orientale; ils ont accepté pendant les temps barbares l'art décoratif qui leur venait d'Orient et se sont essayé à le reproduire tant bien que mal; mais lorsque, à la fin de la période carolingienne, l'anarchie politique et sociale eut produit l'isolement de chaque province et de chaque canton, l'unité du développement artistique fut interrompue, et les moines, sculpteurs et architectes, chargés de construire et d'orner les églises, se trouvèrent livrés à leurs propres forces. Dans beaucoup de pays les modèles manquaient ou bien l'ignorance était devenue telle qu'on ne savait plus les copier. Alors, vaille que vaille, il fallut se résoudre à imaginer du nouveau et les sculpteurs occidentaux revinrent d'instinct à l'art même que les Byzantins délaissaient à cette époque, à la statuaire. Les Occidentaux retrouvèrent spontanément le procédé du modelage. Ce fut sans doute au xe siècle, c'est-à-dire à une des époques les plus sombres de l'histoire de l'Europe occidentale, que dans certains cantons perdus du midi de la France d'humbles artisans imaginèrent de remplacer par des effigies sculptées sous les trois dimensions les reliquaires exposés à la vénération des fidèles. Les bustes-reliquaires des saints et les vierges auvergnates figurent ainsi à l'origine de l'histoire de la sculpture moderne comme les « xoana » à l'aurore des temps helléniques. Cette première expérience devait être féconde et le procédé du modelage, ainsi retrouvé, devait transformer toute la sculpture occidentale. Sans doute elle traversera encore une longue enfance; à mesure que la prospérité se rétablissait en Europe et que les communications se multipliaient, il redevint plus facile d'imiter les modèles d'autrefois. Avec un éclectisme qui produit les effets les plus pittoresques, les maîtres occidentaux imitèrent tout ce qui leur tombait sous la main : étoffes orientales, ivoires byzantins, sarcophages chrétiens, bas-reliefs antiques, tout leur fut bon. Le xiie siècle marque l'apogée de cette période d'imitation, mais le tempérament particulier des imitateurs et peut-être leur maladresse même les sauvèrent de la servilité. Ce fut librement qu'ils interprétèrent leurs modèles et ils n'eurent aucun scrupule à les modifier avec des motifs de leur cru. Pour être eux-mêmes, il ne leur restait plus qu'un pas à faire, ils le franchirent au xiiie siècle : en reprenant contact avec la nature, en s'essayant à copier le modèle vivant, ils préparèrent l'affranchissement définitif de la sculpture.

Il est difficile de savoir ce que serait devenu l'art byzantin si la conquête turque ne l'eût brusquement frappé de stérilité. De récents historiens de cet art[1] ont montré que la première chute de Constantinople en 1204 n'avait pas produit un effet aussi funeste. Bien au contraire, sous l'influence de l'humanisme, l'art byzantin remontait en quelque sorte vers ses sources hellénistiques et la renaissance byzantine du XIVe siècle, pour être moins brillante que celle de l'Italie à la même époque, n'en a pas moins produit des œuvres admirables. Ce mouvement a-t-il aussi atteint la sculpture et, si le temps ne lui eût fait défaut, l'école byzantine allait-elle retrouver la grande tradition de la sculpture classique? Les monuments du XIVe siècle qui nous sont parvenus ne permettent pas de trancher cette question par l'affirmative. Ils nous montrent, il est vrai, un certain retour à des techniques abandonnées, comme celle de la sculpture à jour, mais il est impossible d'y trouver même une tendance, soit à l'observation de la nature, soit à une renaissance de la statuaire. La sculpture byzantine est restée jusqu'à la fin un art subordonné à la décoration architecturale; ses maîtres n'ont cessé de produire des bas-reliefs; moins audacieux que les Occidentaux, ils n'ont jamais songé à représenter les corps sous les trois dimensions et à retrouver le procédé du modelage. C'est cet attachement aux techniques décoratives qui donne son unité à l'histoire de la sculpture byzantine : on peut dire que, malgré ses origines hellénistiques, elle n'a jamais cessé d'être une dépendance, un prolongement en Europe du domaine de l'art oriental.

Louis Bréhier.

Clermont-Ferrand, le 20 février 1911.

[1] Millet, *L'Art chrétien d'Orient du milieu du XIIe au milieu du XVIe siècle.* (*Hist. de l'Art* d'Henri Michel, III, p. 927 et suiv). — Diehl, *M. A. B.*, l. IV.

TABLE DES MATIÈRES

UNE MISSION À CONSTANTINOPLE (1910).

(RAPPORT DE M. J. EBERSOLT.)

Pages.

I. Au musée impérial 1

II. Dans les anciens sanctuaires 5

§ 1. Sainte-Irène 5

§ 2. L'Église du Pantocrator (Zéirek-Djami) 9

§ 3. L'Église de la Panachrante (Fénari-Yessa-Djami) 11

§ 4. Petites églises 13

III A travers le vieux Stamboul 15

PLANCHES.

Pl. I, fig. 1. Sainte-Irène. Porte du narthex 7

Pl. II, fig. 2. Sainte-Irène. Mosaïques du narthex 7-8

fig. 3. Sainte-Irène. Mosaïques de l'abside 7-8

Pl. III, fig. 4. Sainte-Irène. Mosaïques de l'abside (détail) 8

Pl. IV, fig. 5. Pantocrator. Église méridionale 10

Pl. V, fig. 6. Pantocrator. Absides 10

fig. 7. Pantocrator. Coupoles de l'église du milieu et de l'église nord 10

Pl. VI, fig. 8. Pantocrator. Porte du narthex 10

Pl. VII, fig. 9. Pantocrator. Abside de l'église méridionale 11

Pl. VIII, fig. 10. Panachrante. Façade ouest 12

fig. 11. Panachrante. Absides de l'église nord 12

Pl. IX, fig. 12. Panachrante. Absides de l'église sud 12

fig. 13. Panachrante. Absidiole de l'église sud 12

Pl. X, fig. 14. Monastir-Djami. Colonne du narthex 13

fig. 15. Oratoire de Saint-Nicolas 13

Pl. XI, fig. 16. Cheïk-Suleïman-Djami 14

fig. 17. Sandjakdar-Djami. Abside 14

Pl. XII, fig. 18. Ahmed-pacha-Djami 14-15

fig. 19. Consoles à Top-Kapou 14-15

Pl. XIII, fig. 21. Maison de Justinien. Linteau de marbre 16

Pl. XIV, fig. 20. Maison de Justinien. Colonne de l'arcade 15-16

fig. 22. Sarcophage près de la Sublime-Porte 15-16

L'HISTOIRE DE LA SCULPTURE BYZANTINE.

(RAPPORT DE M. L. BRÉHIER.)

		Pages.
I.	Ronde bosse et demi-relief	25
II.	Sculpture au trépan	44
III.	Sculpture-broderie	50
IV.	Sculpture à jour	66
V.	Sculpture en méplat	78
VI.	Sculpture champlevée	96
VII.	Gravure sur pierre	99
CONCLUSION		100

PLANCHES.

Pl. I,	fig. 1.	Venise, Saint-Marc. Chapiteau aux béliers	33
	fig. 2.	Musée Impérial Ottoman. Chapiteau aux béliers	33
Pl. II,	fig. 1.	Ravenne, Saint-Apollinaire in Classe. Chapiteau aux béliers	34
	fig. 2.	Musée Impérial Ottoman. Chapiteau aux aigles	34
	fig. 3.	Musée Impérial Ottoman. Chapiteau aux chérubins	34
Pl. III,	fig. 1.	Venise, Saint-Marc, Portail nord. Chapiteau à canistrum	37
	fig. 2.	Ravenne. Musée national. Chapiteau aux griffons	37
	fig. 3.	Ravenne. Musée national. Chapiteau à la Madone	37
	fig. 4.	Sceau d'un patriarche de Constantinople	37
Pl. IV,	fig. 1.	Clermont. Notre-Dame-du-Port. Chapiteau aux aigles	42
	fig. 2.	Glaine-Montaigut (Puy-de-Dôme). Chapiteaux	42
Pl. V,	fig. 1.	Musée du Puy (Haute-Loire). Frise gallo-romaine sculptée au trépan	45
	fig. 2.	Venise. Portail principal de Saint-Marc	45
	fig. 3.	Musée de Ravenne. Chapiteau de la basilique d'Hercule	45
Pl. VI.		Venise. Narthex de Saint-Marc. Chapiteau aux oiseaux adossés	52
Pl. VII.		Athènes, Theseion. Lions affrontés	54
	fig. 2.	Mosaïque mérovingienne de Thiers (Puy-de-Dôme)	54
Pl. VIII,	fig. 1.	Athènes. Chevet de la Petite Métropole	55
	fig. 2.	Athènes. Absidiole de l'église de Kapnikarea	55
Pl. IX,	fig. 1.	Venise, Saint-Marc. Panneau d'entrelacs	57
	fig. 2.	Musée Impérial Ottoman. Devant de sarcophage orné de tresses	57
Pl. X,	fig. 1.	Chamalières (Puy-de-Dôme). Chapiteau du narthex de l'église	62
	fig. 2.	Chamalières (Puy-de-Dôme). Chapiteau du narthex de l'église	62

Pages.

Pl. XI, fig. 1. Musée de Clermont-Ferrand. Panneau d'entrelacs...... 64
fig. 2. Toulouse, Musée des Augustins. Oiseaux au milieu d'entrelacs.................................. 64
fig. 3. Ravenne, église Saint-Vital. Parapet sculpté à jour.... 64
Pl. XII. Constantinople. Décoration des arcades de Sainte-Sophie. 69
Pl. XIII. Constantinople. Entablement de la Petite Sainte-Sophie. 70
Pl. XIV, fig. 1. Venise, absidioles. Chapiteaux cratériformes........ 71
fig. 2. Constantinople, tribune de Sainte-Sophie. Chapiteaux jumelés.................................. 71
Pl. XV, fig. 1. Venise, narthex de Saint-Marc. Chapiteaux ioniques à impostes.................................. 72
fig. 2. Constantinople, tribune de Sainte-Sophie. Chapiteau antique avec zigzag à jour.................... 72
Pl. XVI, fig. 1. Venise, façade méridionale de Saint-Marc. Chapiteau cubique sculpté à jour.......................... 73
fig. 2. Ravenne, Saint-Vital. Chapiteau cubique sculpté à jour. 73
fig. 3. Venise, Saint-Marc. Façade occidentale, Chapiteau cubique sculpté à jour........................ 73
Pl. XVII, fig. 1. Venise, Saint-Marc. Chapiteau à corbeille côtelée..... 75
fig. 2. Constantinople. Chapiteau à Hodja-Moustapha-Djami... 75
fig. 3. Église de Souvigny (Allier). Chapiteau sculpté à jour... 75
Pl. XVIII. Chapiteau orné d'un cabochon à Cournon (Puy-de-Dôme).................................. 77
Pl. XIX, fig. 1. Clermont-Ferrand. Porte de la sacristie de la cathédrale. 78
fig. 2. Ravenne, Musée national. Chapiteau ionique à imposte.. 78
Pl. XX, fig. 1. Constantinople, tribune méridionale de Sainte-Sophie. Fausse porte en marbre...................... 82
fig. 2. Ravenne, Musée national. Croix ornées de bas-reliefs... 82
fig. 3. Venise, façade méridionale de Saint-Marc. Bas-relief des agneaux.................................. 82
Pl. XXI, fig. 1. Venise, façade méridionale de Saint-Marc. Bas-relief des griffons.................................. 86
fig. 2. Musée Impérial Ottoman. Fragment de ciborium. La Cène.................................. 86
Pl. XXII, fig. 1. Athènes, Thescion. La Nativité...................... 91
fig. 2. Athènes, Thescion. Fragment de ciborium.......... 91
Pl. XXIII, fig. 1. Venise, Saint-Marc. Bas-relief de Saint-Georges....... 93
fig. 2. Venise, nef de Saint-Marc. Chapiteaux champlevés..... 93

SE TROUVE À PARIS

À LA LIBRAIRIE ERNEST LEROUX

RUE BONAPARTE.

www.ingramcontent.com/pod-product-compliance
Ingram Content Group UK Ltd.
Pitfield, Milton Keynes, MK11 3LW, UK
UKHW031845260826
14628UKWH00002B/588

9 782019 151959